W0345735

Le jour où je n'ai pas pu aller au collège

Du même auteur

ANNE-MARIE ROCCO

Génération vendeurs, Interéditions, 1988.
L'Incroyable histoire de Georges Soros, milliardaire, spéculateur et mécène, éditions Assouline, 1999.
Serge Dassault, armes, presse, politique, Flammarion, 2006.

Anne-Marie Rocco
Justine Touchard

Le jour où je n'ai pas pu aller au collège

Flammarion

© Flammarion, 2013
ISBN : 978-2-0812-9592-6

À Jean-Paul et Simon

Prologue

Je m'appelle Justine, et j'avais 15 ans quand ça m'est arrivé. Un jour, je n'ai pas pu aller en classe. Bien sûr, ce n'est pas une idée que j'ai eue comme ça, un matin en me levant, mais une suite d'événements qui a abouti à ce point de non-retour. Depuis plusieurs années, petit à petit, les choses s'étaient détériorées. Le matin, je n'éprouvais plus le goût d'aller en cours, car je me sentais mal à l'aise face aux professeurs aussi bien qu'au milieu des élèves. J'avais l'impression de ne pas être à ma place, je manquais de confiance. Je n'avais pas, non plus, des objectifs très précis en matière d'études, j'ignorais quoi faire de ma vie, ce qui n'aidait pas à trouver de la motivation. Mais par habitude, parce que c'est ce qu'on attendait de moi, parce que je ne suis pas une jeune fille particulièrement rebelle, je continuais.

Qu'est-il arrivé de spécial cette année-là ? C'était le début de la 3e et je ne sais trop pourquoi, mes défenses ont lâché. Cette rentrée a été difficile à vivre, elle était celle de trop. Je voyais cette dernière année de collège, puis le lycée, comme la prolongation de tout ce que je venais de traverser, comme quelque chose d'assez absurde et de terriblement pesant. Pourquoi continuer à porter ce fardeau inutile ? La préparation de mon avenir, à l'époque, me paraissait abstraite, et le baccalauréat, sûrement la dernière de mes préoccupations. Je me sentais trop oppressée pour pouvoir continuer, j'avais l'impression d'étouffer, l'effort devenait chaque matin plus pénible. Et un jour, ça a bel et bien cassé. Je me suis installée dans une sorte de bulle. Pour ne plus avoir à souffrir, pour exprimer le mal-être que je n'arrivais pas à traduire avec des mots. J'ai cessé d'aller en classe.

Me mettre devant mon ordinateur et repenser à cette période n'a pas été chose facile. Je m'étais astreinte à l'effacer au maximum de ma mémoire – ce qui n'empêchait pas quelques mauvais souvenirs de revenir hanter régulièrement mes pensées. Ayant déjà tendance à me polluer la tête de problèmes pour la plupart inutiles, je m'étais efforcée de faire cette gymnastique dans le but de continuer au mieux ma route. Sachant maintenant que je ne suis pas la seule à avoir connu ce genre d'accident de parcours, j'ai fait l'effort de plonger dans ce passé douloureux, car il semble que mon histoire puisse être utile à d'autres adolescents.

*

Je m'appelle Anne-Marie et je suis la mère de Justine. Le jour où notre fille a arrêté d'aller en classe, cela nous est tombé dessus comme une tuile qui se détache d'un toit et nous assomme : nous sommes restés groggy, incapables de réagir, et sans personne pour nous porter secours. Nous avons mis un moment avant de réaliser ce qui nous arrivait. Ce n'était peut-être pas la fin du monde, mais c'était tout de même notre petit monde à nous, celui dans lequel nous nous sentions bien, qui s'écroulait du jour au lendemain. Un monde articulé autour de l'école, de la vie familiale et du travail, rythmé par des vacances et des rentrées, des achats de nouveaux cahiers et de fournitures, des week-ends et des devoirs, des leçons à apprendre, des contrôles, des conseils de classe, des rendez-vous parents-professeurs... Des petits bonheurs et des gros chagrins, des récompenses, des punitions et des paroles de consolation. La vie, quoi. Celle que nous avions menée nous-mêmes dans notre jeunesse sans crise ni difficulté, et qui paraissait si simple, si limpide, si évidente. Si naturelle en somme. Mais voilà que soudain, tout basculait. Emporté par un tsunami que nous n'avions pas vu venir : notre fille ne voulait plus aller en classe. Ou, pour être plus juste, elle ne pouvait plus y aller. Mais de cette nuance, nous n'avions pas encore pris conscience, étant encore sous le choc.

Imaginez une lumineuse journée de début d'automne. À peine plus d'un mois s'est écoulé depuis la rentrée scolaire de 2007. Le premier bulletin trimestriel n'a pas encore inoculé le doute dans les esprits des parents et des élèves, avec ses commentaires du style « devrait être plus actif », « doit se ressaisir au deuxième trimestre », ou « élève qui manque de concentration ». Nous sommes donc début octobre, l'année scolaire n'a certes pas très bien commencé, les notes de Justine sont loin d'être extraordinaires, mais, après tout, ce n'est que le début de sa classe de 3e, et nous pensons que rien n'est joué. Justine n'est du reste pas la seule à obtenir des résultats médiocres. Nous espérons qu'avec de la bonne volonté et de la persévérance, tout s'arrangera et que notre fille terminera sa dernière année de collège comme beaucoup d'adolescents : peut-être un peu ric-rac, mais munie du feu vert du conseil de classe pour passer dans la classe supérieure. Le jeu en vaut la chandelle. Dans un an, c'est le lycée, avec en ligne de mire, le baccalauréat ! Seulement, voilà, un jour d'octobre, notre optimisme à toute épreuve tombe à l'eau. Justine ne retournera pas en classe, impossible de lui faire changer d'idée. Qui aurait pu imaginer une chose pareille ?

Cet événement inexplicable déclenche en nous, ses parents, des sentiments à la fois violents et contradictoires, que nous n'osons extérioriser. Quelque chose qui se situe entre la colère et la culpabilité. Et pour moi, la maman, c'est tout simplement l'inimaginable qui vient de se produire. Moi qui vénère l'école, qui ai collectionné les diplômes pour être sûre de ne jamais me retrouver dans la situation de dépendance de ma mère, femme au foyer, contrainte d'écrire sur tous ses papiers officiels cette mention que je trouvais humiliante : « sans profession ». Une situation que j'avais refusée pour moi-même, et aussi, bien entendu, pour ma fille. Dans ma tête, c'est donc la valse des interrogations, et un profond sentiment d'échec personnel. Et quand je me retrouve seule, jaillissent des flots de larmes que je n'arrive pas à stopper. Que faire ? Avec son père, nous avons beau tenir des conciliabules le soir dans la cuisine en préparant le dîner, aucune solution concrète n'arrive à en sortir.

Pour notre fille et pour nous, un long chemin commence. Un chemin sur lequel on ne trouve que peu de mains secourables, peu de conseils utiles, peu d'aides concrètes et pratiques, et une impuissance totale du système scolaire à apporter des réponses. Elle ne va plus en classe ? Alors ce n'est plus notre problème. Vous êtes les parents, débrouillez-vous. À croire que l'institution scolaire n'aurait pas la moindre responsabilité dans cette situation ! Et pourtant, comme ce refus scolaire de ma fille occupe mes pensées en permanence, j'en parle autour de moi et découvre assez vite que nous sommes loin d'être les seuls à devoir faire face à ce type de situation. À ma grande surprise, certaines personnes auxquelles je me confie pour soulager ma peine m'avouent avoir été confrontées aux mêmes difficultés avec l'un de leurs enfants, ou qu'un membre de leur entourage proche l'a été. Je me sens alors un peu moins seule. J'écoute leurs témoignages avec une grande attention. Dans un petit carnet, je note des noms d'établissements, de psychologues, de spécialistes en tous genres… De fil en aiguille, j'apprends que des médecins ont mis un nom aux symptômes dont souffre mon ado : la phobie scolaire ! Il existe même quelques consultations spécialisées en milieu hospitalier… Cela peut-il signifier qu'il y aurait en France une « épidémie » ? Stupéfaite, je vais de découverte en découverte dans cet univers qui constitue la face cachée de notre système scolaire.

Nous voilà donc, au bout de quelques mois, un peu moins esseulés qu'au premier jour, mais pas plus avancés pour autant. Car d'un point de vue pratique, nous avons bien fini par nous en rendre compte : les autres « galèrent » autant que nous. S'il existe, ici ou là, des solutions adaptées, permettant à ces enfants ou adolescents désorientés d'avancer un peu malgré leurs difficultés, il faut aller les débusquer. Non seulement ces solutions ne sont pas nombreuses, mais l'information est difficile à obtenir. Il revient donc à chacun de trouver sa propre voie, un peu comme à l'escalade, sur une paroi abrupte. Dénicher les prises, s'y accrocher, souffler un peu. Puis reprendre l'ascension lentement, sans faire de mouvement trop brusque pour ne pas décrocher au moment où l'on croyait arriver tout en haut.

Il a fallu faire preuve d'imagination et de ténacité. Mais ces efforts ont fini par payer. En juillet 2011, Justine a conquis son premier grand sommet : elle a obtenu son bac ! Cette victoire sans prix est le résultat d'une aventure commune dans laquelle nous nous sommes investies pleinement, elle et moi, avec le soutien bienveillant d'un père toujours attentif, et sous le regard aiguisé de son frère aîné, prompt à nous rappeler que l'école, le savoir, les diplômes, ne sont pas tout. Rappel salutaire… Pendant tout ce temps, il a fallu réinventer notre quotidien, organiser l'école à la maison, éviter que Justine ne se coupe de toute vie sociale, expliquer aux amis et à la famille ce qui se passait – et ce n'était sûrement pas le plus simple. Au bout de deux ans, elle s'est laissé convaincre de reprendre le chemin du lycée, malgré ses angoisses, toujours présentes. Elle s'est montrée courageuse et persévérante, car cela n'a pas été facile tous les jours. Et elle y est arrivée.

*

C'est le récit de ce combat, long et épuisant mais finalement victorieux, que nous avons entrepris de faire dans ce livre. Un récit à deux voix, mère et fille unies pour refuser la fatalité de l'échec. Sans doute s'agissait-il pour nous de chasser définitivement de vieux démons qui ne se laissent pas facilement abattre. Mais pas seulement. Nous voulions aussi expliquer à tous les parents et adolescents affrontant cette épreuve qu'elle peut être surmontée, à condition de rompre leur isolement, et de ne pas avoir honte d'une situation qui ne relève en rien de la « juste punition » d'un mauvais comportement. Comme nous l'avons découvert chemin faisant, la phobie scolaire est une expression que la médecine a mise sur une réalité à laquelle elle devait faire face de plus en plus fréquemment. Mais il s'agit d'une réalité dont l'Éducation nationale, confrontée à tant d'autres difficultés, ne veut pas entendre parler. Voilà la troisième finalité de ce livre : mettre fin à une omerta qui n'a que trop duré, sur un sujet qui mériterait un débat public.

Chapitre 1

Quand l'école fait mal

Anne-Marie

Dans le vaste gymnase transformé en salle de réunion, les tapis de sol ont été roulés sur le côté, et des rangées de chaises de classe alignées sur le revêtement synthétique vert balisé de lignes blanches. Devant le mur du fond, sous les paniers de basket-ball, ont été placés deux bureaux, autour desquels sont déjà assis les intervenants. Par ses dimensions et sa disposition, l'installation a quelque chose d'impressionnant, comme si nous allions assister à une grand-messe. Et c'est bien de cela qu'il s'agit. Ce 24 septembre 2007, le principal du collège de la région parisienne dans lequel est scolarisée Justine organise la première réunion de parents d'élèves de 3e, et au seul son de sa voix, on peut deviner que les absents ont encore plus tort que d'habitude. « Il n'y aura pas de passage de justesse en classe de 2de », avertit d'emblée le brave homme à la barbe poivre et sel, qui tient à alerter les parents sur le caractère décisif de l'année scolaire qui commence. Il veut manifestement leur mettre la pression dès cette première réunion, comme il l'a fait à la rentrée pour leurs enfants. Le moment est grave, expliquent tour à tour le principal, les professeurs et le conseiller principal d'éducation (CPE) : il y a le brevet en vue à la fin de l'année, et comme pour les lycéens qui s'apprêtent à passer le baccalauréat, des « brevets blancs » seront organisés plusieurs fois au fil des mois. Une façon d'expliquer aux parents que, dorénavant, leurs rejetons auront droit au même traitement que leurs aînés. Cette fois, l'enfance est bien finie…

Mais le principal sujet de la réunion, c'est bien sûr la perspective de l'entrée au lycée. Car le type d'établissement vers lequel l'élève sera orienté déterminera ses possibilités d'études après le bac. Filière générale et technologique, ou filière professionnelle ? La bouche en cœur, les enseignants expliquent qu'« entrer en 2de professionnelle n'est pas une voie de garage », la preuve étant qu'il y a « plus de demandes que de places ». Mais tout le monde a bien compris le contraire, et moi la première. J'ai de bonnes raisons pour cela : Justine, ma fille, ne manifeste aucune vocation pour la mécanique, l'hôtellerie ou le secrétariat, et je ne tiens pas à ce qu'on lui fasse faire d'office un choix qu'elle risque de regretter. Pour l'instant, elle n'a pas la moindre idée du métier qu'elle veut faire plus tard, et je ne crois pas avoir remarqué qu'autour d'elle ses camarades aient des projets tellement plus précis. Seulement, l'année dernière, le conseil de classe a été formel, et a inscrit son verdict en bas du dernier bulletin de 4e : « *avis favorable de passage en 3e en vue d'une orientation en filière professionnelle* ». J'en suis tombée des nues.

Personne n'avait jugé utile de nous avertir de cette décision, pourtant lourde de conséquences pour l'avenir de Justine, de nous l'expliquer, de nous parler des choix qui ainsi s'ouvraient – ni de ceux qui se fermaient. La décision couperet est donc arrivée anonymement par la poste, à la fin juin. Au début, je n'ai pas compris que cette mention resterait inscrite au fer rouge sur le dossier de Justine jusqu'au terme de sa scolarité. Quant à elle, je ne suis pas sûre qu'elle y ait prêté particulièrement attention, ou qu'elle en ait mesuré la portée exacte. Car une orientation professionnelle pour une adolescente de 15 ans qui ne manifeste pas d'intérêt pour une vocation particulière, mais dont les résultats sont probablement jugés insuffisants, c'est bien une sanction et une voie de garage. Affirmer le contraire s'avère d'une hypocrisie sans borne. C'est cependant le discours qu'on nous sert.

Pendant cette réunion, tous les propos que j'entends me semblent terriblement éloignés de ce qui pourrait éventuellement concerner ma fille. Laquelle ne me paraît pourtant pas être une martienne, si je la compare à ses camarades. À ceci près que là où d'autres parlent avec aplomb, y compris lorsqu'ils se trompent, elle n'ose pas s'exprimer, craignant de se ridiculiser en proférant une bêtise. Les élèves doivent faire preuve de « maturité », explique gravement le CPE, « acquérir l'autonomie de leur propre travail » et « démarrer une réflexion sur leur projet personnel ». Et les parents se montrer vigilants sur le travail de leurs enfants, ajoutent les enseignants : une heure à une heure et demie par jour, quatre heures le week-end. Un minimum, insistent-ils. Il leur faut aussi veiller à ce que l'ordinateur de leur ado soit éteint quand ils travaillent. Ne parlons même pas de la télévision, évidemment à bannir dans une vie idéale où l'existence de l'adolescent doit être tournée vers sa réussite scolaire, au risque qu'il envoie un jour tout balader. Tout va aller très vite, alertent les professeurs : « Dès la mi-janvier, 50 % des cours de l'année sont faits. »

À la fin de la réunion, l'ambiance est donc un peu lourde, l'inquiétude se lit même sur certains visages. Sur le mien aussi. Pourquoi cette mise en scène, destinée à susciter l'inquiétude plus qu'à motiver ? On se croirait presque à Guignol, où revient régulièrement la peur des coups de bâton du gendarme. Sauf que là, personne n'a envie de rire. Je repars, guère rassurée, et en me posant mille questions.

*

Dès le début de cette année scolaire délicate, nous avons pourtant pris l'initiative d'installer un filet de sécurité autour de notre benjamine, sous le regard étonné et un brin critique de son frère aîné, Simon, qui a six ans de plus et poursuit des études d'arts appliqués. Vu les résultats très moyens de Justine, ses rapports difficiles avec l'école et son manque d'organisation – elle est vite débordée, ne sait pas par où commencer, se noie dans les détails –, nous nous sommes décidés à mettre en place un soutien scolaire. C'est la première fois que nous entamons une telle démarche, mais je vois qu'autour de moi la question ne se pose même pas : un enfant qui traîne en maths ou en anglais, et c'est aussitôt le régime des cours particuliers. Je ne suis pas vraiment adepte de ce système, qui tend à faire de nos chères têtes blondes des petits chiens savants, et sais que ce secteur est devenu un véritable business, dans lequel l'intérêt financier prime souvent sur celui des enfants.

Ce business sait parfaitement bien identifier ses cibles, et pratique un marketing forcené : publicité à la radio dès la fin du printemps (pour suggérer l'inscription à des stages permettant de bien préparer la rentrée pendant les vacances), campagne d'affichage aux moments les plus cruciaux de l'année scolaire (c'est-à-dire quand arrivent les premiers bulletins trimestriels), mailing personnalisé à domicile ou sur Internet. Avant même que nous ayons commencé à chercher quelqu'un pour aider Justine, de nombreuses sollicitations étaient arrivées dans notre boîte aux lettres. Acadomia, Complétude ou Profadom nous avaient déjà inscrits dans leur cœur de cible et nous inondaient de propositions d'une variété étonnante : soutien scolaire tout au long de l'année, stages intensifs de prérentrée, ou encore vacances studieuses au bord d'un lac avec cours de tennis ou d'équitation ! Le tout à des prix parfaitement délirants, cela va de soi.

Pour ma part, je tente plutôt de privilégier une solution de proximité, j'épluche les petites annonces chez le boulanger et dans le magazine municipal, et j'interroge notre entourage dans l'espoir de trouver un étudiant sympa, dégourdi et dynamique pour aider Justine à trouver les clés de l'entrée au lycée. En vain. Une amie m'indique finalement un site Internet sur lequel des étudiants et des professeurs en quête d'un complément d'activité postent leurs annonces, directement et sans passer par les professionnels du soutien scolaire, qui me font tellement horreur. L'une de ces annonces nous plaît, nous prenons donc contact.

Un dimanche de septembre, débarque chez nous un diplômé de psychologie qui prépare son doctorat, et assure avoir déjà sorti de l'ornière des élèves en difficulté en leur fournissant la méthodologie nécessaire pour faire des progrès. Il s'appelle Bahman, porte de grosses lunettes et arbore une improbable tenue de dandy, mais il parle avec douceur et semble doté d'une grande patience. Surtout, il a de l'expérience en matière de soutien scolaire et s'intéresse, dans le cadre de ses études déjà très avancées, aux processus d'apprentissage de la connaissance chez les enfants et les adolescents. Bref, il a tout de la perle rare. Nous ignorons encore à quel point sa présence et son rôle auprès de Justine vont s'avérer décisifs dans les mois à venir, car nous n'imaginons pas l'aventure dans laquelle nous sommes sur le point de nous embarquer. Et lui encore moins !

*

Pour Justine, c'est peu de dire que cette année n'a pas bien commencé. À 15 ans, mon ado est mal dans sa peau, et ce n'est pas qu'une question d'acné ou de dents imparfaitement alignées, qu'un orthodontiste a d'ailleurs pour mission de remettre en place. Non, c'est vraiment avec le collège qu'elle a un problème. Ou avec ses camarades collégiens ? Nous n'en sommes pas encore à nous poser ce genre de question. Le matin, en semaine, elle traîne au lit, affirme qu'elle n'a pas fermé l'œil de la nuit, et sa mine blafarde m'incite à penser que ce ne sont pas des histoires inventées pour sécher. Souvent, elle a les yeux rougis en partant au collège, car elle a pleuré, ou est sur le point d'éclater en larmes. Régulièrement, je reçois au travail des appels de l'établissement qu'elle fréquente m'indiquant qu'elle est malade et qu'il faut venir la chercher.

J'avoue que ces coups de fil répétés commencent par m'irriter, car ils tombent toujours au plus mauvais moment. Parfois, je me demande même si Justine ne le fait pas exprès. À plusieurs reprises, le malaise en question a eu lieu... juste avant un contrôle. Troublant. Mais mon interlocutrice habituelle, dont je reconnais désormais la voix, m'annonce que Justine a mal au ventre. Qu'elle a vomi. Qu'elle a de la fièvre. Cela n'a donc pas l'air d'être une comédie. À la maison, elle-même n'est plus la gamine heureuse et spontanée que toute la famille affectionne. Elle s'enferme dans sa chambre, parle peu, vit comme une fatalité des résultats bien trop moyens pour un début d'année. Bref, elle déprime.

*

Un certain médecin, psychiatre de son état, exerce à proximité de chez nous et jouit d'une réputation plutôt flatteuse. Sur le conseil de notre médecin de famille, nous prenons rendez-vous avec lui, pour tenter d'identifier le mal dont souffre notre fille, et surtout trouver des remèdes avant qu'il ne soit trop tard. C'est ce que sont censés faire tous les parents ayant des soucis avec le comportement de leur enfant, non ? Or, s'il y a bien une chose dont nous nous préoccupons, avec Jean-Paul – mon mari, le père de Simon et de Justine –, c'est de ne jamais être des parents négligents, malgré le peu de temps que nous laissent nos professions respectives. Un rendez-vous chez le médecin ? L'un ou l'autre trouvera toujours le moyen de s'y rendre.

Dans la salle d'attente, il y a un aquarium, des bandes dessinées et des enfants à l'air parfaitement sage, dont on se demande un peu ce qu'ils font là. Lunettes sur le nez, silhouette élégante, le psychiatre me fait penser, je ne sais pas pourquoi, à Valéry Giscard d'Estaing. Ou peut-être à l'un de ses fils, celui qui dirige le Club Med. Son air parfaitement décontracté et sûr de lui dans son beau pull en cashmere, peut-être…

Pour le premier rendez-vous, M. Cashmere veut voir la fille et la mère ensemble, avant d'avoir d'autres entretiens en tête à tête avec Justine. D'emblée, il nous parle comme à deux gamines, sur le ton exaspérant de celui qui représente le savoir et l'autorité, et adopte un registre badin qui ne me paraît pas du tout correspondre à la situation. Moi qui ai comme une boule coincée dans la gorge, et une fille qui pleure quand elle doit aller en classe, j'en suis assez mortifiée. Je regarde Justine en coin, et quelque chose me dit qu'elle aussi aimerait être prise un peu plus au sérieux. Mais peut-être s'agit-il seulement d'une impression. Et sans doute notre psychiatre de choc cherche-t-il à désamorcer la tension qui nous tenaille.

Eh bien, c'est plutôt raté. Ses grands airs ne me plaisent pas du tout. D'ailleurs, ce médecin disparaîtra de nos vies au bout de trois séances, quand il nous aura révélé la véritable source de tous les maux de Justine : nous avons eu la mauvaise idée de repeindre les murs de sa chambre pendant les vacances, sans la prévenir (eh oui, c'était pour lui faire une surprise, c'est tout). Ce qui l'a donc traumatisée ! CQFD. Pas la peine de remplir l'ordre de votre chèque, ma secrétaire mettra un cachet. Une telle combinaison d'aplomb et d'incompétence me stupéfie toujours.

*

Pour sortir Justine de sa léthargie, j'ai ma petite idée. L'école, aussi importante soit-elle, ne doit pas être son unique centre d'intérêt. Je veux la sortir, lui faire voir de belles choses, étoffer sa culture sans que cela se transforme en cours magistral… Quand on habite Paris, on n'a que l'embarras du choix. Or, Justine adore la danse, qu'elle pratique depuis sa plus petite enfance. Je tombe sur un article annonçant que le Centre national de la danse (CND) participe pour la première fois aux Journées du patrimoine, qui se tiennent chaque année en septembre. Une bonne occasion de se faire plaisir, en pensant à autre chose qu'à l'école. L'événement se déroule un samedi, Porte de Pantin, où nous découvrons ce magnifique bâtiment de béton brut construit sur les bords du canal de l'Ourcq, ainsi que la vie des jeunes danseurs qui viennent s'y entraîner et préparer leurs spectacles. Tombées sous le charme des lieux, nous apprenons aussi l'existence des « danses partagées » : deux jours durant, à chaque rentrée, les plus grands noms de cette discipline donnent des leçons à des amateurs, y compris débutants. C'est exactement ce qu'il faut à Justine ! Elle est emballée.

Quinze jours plus tard, nous voilà de retour au CND, dont nous deviendrons au fil du temps des habituées. L'affiche est incroyable. Le samedi, Justine participe, entre autres, à une leçon-conférence de Jean-Claude Gallotta, l'un des plus grands chorégraphes français vivants, dont elle ressort avec des petites étoiles dans les yeux. Le lendemain, en fin de journée, elle prend un cours de hip-hop avec Gabin Nuissier, un des artistes les plus renommés dans ce style de danse urbaine. Nous sommes le dimanche soir, j'arrive à la fin du cours, jette un coup d'œil par la vitre du studio. Au milieu d'une cinquantaine d'autres danseurs, elle suit la cadence, sur une musique d'une énergie incroyable. C'est la chorégraphie que le groupe a travaillée pendant deux heures. Ils sont tous au point, ma fille aussi. Elle semble rayonnante, presque conquérante. Pendant quelques secondes, je me sens vraiment heureuse et fière en la regardant.

Le cours s'achève, les danseurs du dimanche quittent à regret le studio. Justine me sourit. Je lui demande si elle a aimé ce cours. Elle s'écroule dans mes bras en pleurant à chaudes larmes. Pas gagné.

Chapitre 2

Les mots pour le dire

Justine

J'ai eu beau faire de mon mieux pour oublier les mauvais moments endurés pendant mon adolescence, il y en a un que je n'ai jamais pu chasser de ma mémoire : ma rentrée en 3e, en septembre 2007. En entamant cette nouvelle et dernière année au collège, je n'éprouvais pas la moindre joie. Je me sentais à l'étroit, j'avais l'impression de ne plus être à ma place. En franchissant la porte de l'établissement, me gagnait même un malaise profond, car je me savais condamnée à rester isolée, en classe comme dans la cour. Il faut savoir que l'année précédente, ma 4e avait été chaotique et mouvementée. Durant cette année, j'avais essayé d'attirer l'attention des autres sur moi, car j'avais l'impression d'être transparente à leurs yeux, et cela me faisait souffrir. Au collège, il existe une hiérarchie au sommet de laquelle se trouvent ceux qui ont bonne « réputation », et que l'on qualifie de « populaires », parce qu'ils sont cool, à la mode et suscitent l'admiration des autres. Je rêvais de leur ressembler, mais c'était loin d'être le cas : moi, on ne me voyait pas. J'ai donc cherché à prouver, d'une manière assez maladroite, que je valais la peine qu'on fasse attention à moi et que moi aussi je pouvais être quelqu'un de « spécial ». Seulement, mes tentatives n'ont fait qu'entraîner une succession de catastrophes. Ce n'était pourtant pas bien méchant et mes camarades auraient pu prendre le parti d'en rire. Mais à 15 ans, on n'est pas très charitable.

*

Depuis un certain nombre d'années je pratiquais la danse, aussi je me disais que c'était peut-être ce qui me rendait spéciale aux yeux des autres. Alors plusieurs fois dans la cour de récréation, j'ai voulu montrer mes capacités. Au début, j'aimais bien l'attroupement qui se formait autour de moi. Je pensais : « Voilà, j'attire enfin l'attention » et j'écoutais d'une oreille distraite mes deux meilleures amies qui murmuraient : « Arrête de danser, au cas où tu ne le vois pas, tout le monde se moque de toi. » C'est vrai qu'à un moment, j'avais commencé à me poser quelques questions sur la nature de l'intérêt des autres élèves envers mon domaine de prédilection. Mais ce petit doute ne m'avait pas empêchée de continuer un peu plus à m'enfoncer sans m'en apercevoir.

*

L'autre événement marquant, dans mes tentatives malhabiles pour sortir du lot, est survenu le jour de mes 15 ans. Je croyais avoir bien organisé l'affaire, vingt personnes étaient invitées. Seulement voilà, le bruit a couru en cour de récré que je faisais une fête, donc au fur et à mesure de la semaine précédant cet anniversaire, les élèves se sont présentés à moi un à un ou en groupe afin de me demander d'être invités. À chaque fois, je disais oui sans vraiment compter à combien de personnes j'avais dit de venir, car je pensais que ça me donnerait l'air cool si j'acceptais tout le monde. Toujours ce besoin de faire quelque chose qui me rendrait « populaire ».

Le jour J, quand mon père est venu me chercher au collège, je ne m'attendais pas du tout à ce qu'il allait me dire. Une fois dans sa voiture, il m'a annoncé que la conseillère principale d'éducation (CPE) l'avait appelé pour le prévenir que j'avais invité beaucoup trop de monde. Il avait donc décidé de réduire la durée de la fête de 19 heures à 22 heures, au lieu de minuit.

Arrivés à la maison, nous avons préparé le salon. Au début, tout s'est plutôt bien déroulé. Mais assez vite, la pièce s'est remplie, on était serré comme des sardines et il commençait à ne plus y avoir de pizzas ni de boissons. Et je ne sais plus si ce sont mes parents ou mes amies qui, depuis le balcon, m'ont montré la foule qui arrivait en bas de l'immeuble. On aurait dit une queue devant une boîte de nuit un samedi soir ! Et je n'avais même pas eu besoin de Facebook pour ça...

Heureusement, mon grand frère et l'un de ses amis étaient là. Ils sont descendus pour contenir le nombre. Quant à mon père, il a réussi à éviter le drame avec une voisine qui se plaignait du bruit et qui allait appeler la police. Toute cette folie s'est un peu calmée vers 21 heures. Seules quelques personnes que j'appréciais sont restées jusqu'à la fin. Cependant, quand nous sommes allées nous coucher, avec deux amies dormant à la maison, ma mère nous a montré que plusieurs « invités » se tenaient sur la pelouse du jardin situé entre les différents bâtiments de notre immeuble pour continuer la soirée. Elle était drôlement contrariée.

Après cet événement, quelques élèves du collège n'ont pas arrêté de me charrier et je me suis retrouvée de plus en plus seule. Même mes amis m'ont laissée tomber, ayant peur pour leur « réputation ». Un fiasco.

*

C'est dans ce tourbillon de petites mésaventures que j'ai commencé à moins manger, surtout le midi à la cantine où, le plus souvent, je déjeunais seule à une table. Ce repas était à la fois un instant de répit dans mon calvaire et un moment pénible, car on n'avait pas beaucoup de temps et je n'arrêtais pas de penser à l'après-midi qui restait avant de pouvoir enfin rentrer à la maison. Je me souviens que lors d'une visite chez le médecin, il avait noté que j'avais perdu plusieurs kilos et s'en était inquiété. Mon mode de survie à ce moment-là, c'était de fonctionner heure par heure. Un cours passait et je me disais : « Allez, plus qu'une heure avant la récréation », puis la même chose avec l'heure du déjeuner et celle de la fin des cours. Pour couronner le tout, j'étais éperdument amoureuse du plus beau garçon du collège depuis la 6e. Malheureusement, cette année-là, il l'a appris par je ne sais qui – sûrement une bonne camarade ! – et il m'a fixé des rendez-vous pendant lesquels, avec deux de ses copains, il s'est amusé à me ridiculiser. Voilà comment s'était déroulée mon année de 4e.

*

C'est pourquoi, à cette rentrée en 3e, j'allais à reculons. Comme chaque année, j'ai malgré tout commencé le mois de septembre par les achats de fournitures et tout ce qui va avec. Mais ma situation au collège n'avait pas changé. Mes amis me laissaient affronter seule les regards des élèves qui savaient ce que j'avais fait l'année précédente, gardant une image de moi peu avantageuse. J'étais donc assez solitaire, mais on me fichait à peu près la paix. À la cantine, je ne mangeais pas plus que l'année précédente. En classe, j'avais pris l'habitude de me cacher du mieux que je pouvais. Je me mettais soit au milieu, derrière quelqu'un de grand et massif, soit sur le côté contre le mur, ou alors vers le fond de la salle. La plupart du temps, pour faire oublier ma présence et afin d'éviter que le professeur ne m'interroge, je me concentrais sur un bout de papier sur lequel je gribouillais quelque chose, ou je faisais plus ou moins semblant de relire le cours précédent.

Les professeurs réagissaient de deux façons. Il y avait ceux ayant compris que je ne voulais pas être interrogée et qui s'en accommodaient, et ceux qui, systématiquement, m'interrogeaient une ou deux fois par cours pour m'obliger à sortir de ma passivité. Ça ne loupait jamais : à la seconde où j'entendais mon prénom, mes joues chauffaient, mon ventre se nouait et tous mes membres se dérobaient. Généralement, j'étais tellement gênée par les regards qui, d'un coup, se braquaient sur moi que, même si je connaissais la réponse, mon cerveau semblait complètement déconnecté, ma pensée bloquée. Au bout de quelques minutes, je répondais « Je ne sais pas », afin de retrouver au plus vite ma tranquillité.

*

Si je devais décrire ce qui se passait dans ma tête et les sentiments ressentis durant cette période, je commencerais d'abord par mes nuits. Depuis la rentrée, je m'étais mise à dormir très mal et je pleurais en me réveillant. Toutes les nuits, je passais en revue la journée précédente, et souvent je couchais mes préoccupations sur quelques bouts de papier. Je ne cessais de me poser un million de questions et de me demander comment j'allais survivre à cette énième étape insupportable. Mes journées n'étaient pas meilleures que mes nuits, car j'avais un cruel manque de confiance en moi. Je détestais ma lenteur et ma timidité, et si je haïssais ces particularités de mon caractère, c'était aussi à cause des professeurs qui, assez fréquemment, me les reprochaient. J'étais ultrasensible et tout ce que pouvaient dire les enseignants ou les autres élèves m'affectait beaucoup. Manquant naturellement d'assurance, ces remarques m'enlevaient toute estime de moi. Je ne croyais plus en rien, j'avais l'impression de ne savoir rien faire, en gros je me sentais « nulle ». C'est d'ailleurs ce que m'avait lancé un jour une institutrice lorsque je me trouvais encore en primaire.

Grâce à ces petits bouts de papier, que j'ai conservés à l'intérieur de mes cahiers de textes, je me remémore l'ouragan d'émotions qui me gagnait tous les matins quand ma mère ou mon père m'emmenait au collège. Dès le départ de la maison, je sentais l'angoisse m'envahir et mon cœur battre de plus en plus fort. Ces deux sensations ne me quittaient plus jusqu'à l'entrée de l'établissement. Dans la journée, je me sentais en permanence fatiguée, stressée et angoissée. Physiquement, j'avais sans arrêt des vertiges accompagnés de maux de ventre et de tête. Une fois à la maison, après la fin des cours, j'étais vidée de toute énergie et je ressentais un besoin urgent de me reposer plutôt que d'entreprendre mes devoirs. De jour en jour, cela devenait de plus en plus insupportable. Je me suis mise alors à chercher une solution.

*

À plusieurs reprises, j'ai séché des cours afin d'échapper à des exposés ou à des interrogations orales. La meilleure cachette était les toilettes du collège – pas très original, mais toujours efficace. Généralement je prenais quelque chose à lire, je révisais le cours suivant ou j'écoutais de la musique avec mon iPod. Quand le cours durant lequel il y avait une interrogation orale ou un exposé à présenter se déroulait en dernière heure, je sortais plus tôt que prévu. Et je dois dire que, lorsque j'en avais l'occasion, cela me donnait une certaine sensation de liberté et de délivrance.

Autre manière d'échapper à ces interventions orales, aller voir la secrétaire médicale en me plaignant de maux de tête ou de douleurs au ventre. Parfois, je jouais un peu la comédie dans le seul but de sortir du collège, mais la plupart du temps ces maux étaient réels. L'école m'avait littéralement rendue malade.

Chapitre 3

Une simple semaine de « vacances » ?

Anne-Marie

C'est en rentrant à la maison, le soir du 10 octobre, que le ciel m'est tombé sur la tête. Le matin, j'étais partie tôt à un rendez-vous, Jean-Paul déposait Justine au collège en allant travailler, et comme nous étions mercredi, Bahman devait venir donner sa leçon à notre fille après les cours. Une journée organisée, balisée, plutôt rassurante, en somme. Mais à mon arrivée, coup de théâtre. Je les trouve tous les trois assis autour de la table du salon, avec, sur leurs visages, la mine des mauvais jours. Mon mari, ma fille et son répétiteur me regardent tous les trois d'un même air un peu bizarre. On aurait pu se croire dans une pièce de Ionesco, avec ses personnages aux attitudes étranges, le comique en moins. « Justine ne se sentait pas bien ce matin, déclare Jean-Paul après un long silence, d'un ton solennel et sans appel que je lui ai rarement entendu. Je l'ai autorisée à rester à la maison. Elle retournera au collège lundi. » Un instant, je reste immobile dans l'entrée, frappée de stupeur. Que répondre à cela ? Je ne sais que trop bien de quel malaise il peut s'agir, j'en observe tous les jours les différentes manifestations, et je reçois à une fréquence de plus en plus rapprochée les appels du secrétariat des élèves, dont la responsable, impuissante mais pleine de compassion, se désole à chaque fois de la dégradation de l'état de Justine.

Depuis un moment, j'ai bien compris que nous ne pourrions pas en rester là, et qu'il faudrait chercher activement une solution pour sortir de la crise qui couvait. Sur le petit carnet que je garde toujours au fond de mon sac à main, j'ai d'ailleurs commencé à noter des adresses d'établissements alternatifs susceptibles d'offrir à ma fille une approche différente de l'apprentissage des connaissances et de la vie scolaire. Peut-être n'est-elle pas faite pour l'enseignement tel que le conçoit aujourd'hui l'Éducation nationale ? Peut-être serait-elle plus heureuse dans un autre type de structure que le collège ou le lycée ? Peut-être s'épanouirait-elle en apprenant un métier manuel, artistique ? Mais je n'en suis qu'au début de cette réflexion, pour laquelle j'imaginais avoir un peu de temps devant moi… Au moins jusqu'au moment où doivent s'effectuer les choix d'orientation, entre janvier et mars. De plus, je n'en ai pas encore discuté avec Justine, ni avec son père.

Les problèmes et les difficultés de ma fille, j'en suis donc parfaitement consciente et n'ai en aucune manière décidé d'en faire abstraction. Mais une rupture aussi radicale, j'avoue que j'étais loin d'y être préparée. Cette « pause » décrétée avec l'autorisation d'un papa déboussolé par le mal-être de sa fille, je l'ai donc prise, probablement à tort, comme une gifle en pleine figure. Comme la manifestation cinglante de mon échec à éduquer ma fille et à faire d'elle une adolescente adaptée au système éducatif du XXIe siècle. Mais on ne se refait pas.

*

Le caractère transgressif de l'attitude de Justine n'a échappé à personne, et surtout pas à elle, qui me regarde en coin, ce soir-là, d'un air un peu inquiet en attendant de voir quelle sera ma réaction. Elle n'ignore pas que l'école est obligatoire jusqu'à 16 ans selon la loi française. Et même au-delà, aux yeux d'une mère comme moi, nourrie au lait de l'enseignement laïque et républicain. Mes parents croyaient dur à cette école-là, dans laquelle tout le monde avait sa chance, pouvait être traité à égalité, et récompensé en fonction de son mérite. Je sais que je lui dois beaucoup, et j'ai toujours cherché à y maintenir mes enfants, jusqu'au jour où elle s'est montrée défaillante à l'égard de Justine : lors d'un premier gros accroc, une école privée a bien voulu l'accueillir, et comme n'importe quel parent l'aurait fait, j'ai choisi ce que je pensais être le bien de ma fille, contre mes grands principes.

*

J'avoue avoir du mal à comprendre qu'elle soit si malheureuse en classe, moi qui ai tellement aimé apprendre sur les bancs de l'école, où régnait pourtant une tout autre discipline qu'aujourd'hui, qui m'y suis fait de bons amis et où je me suis tellement amusée. Quant à mes anciens professeurs, les années ont beau passer, je garde toujours au fond de moi une grande tendresse envers certains d'entre eux. Jusqu'à la fin de mes jours, je me souviendrai de Mme Verna, que je vénérais – c'est elle qui m'a appris à lire et à écrire au cours préparatoire – ou de ce cher M. Xéridat, qui nous enseignait au lycée le français, le latin et le grec, en roulant les *r* comme on le faisait alors en Roussillon, dans la région du cap Cerbère dont il était originaire et dont il nous parlait souvent. Évidemment, le monde a changé et la relation d'un élève avec son professeur n'est plus à l'image de ce que j'ai pu connaître – et que le recul du temps me pousse à idéaliser, je le sais bien. Mais je ne peux m'empêcher de m'interroger : est-il vraiment possible qu'un sentiment de contrainte et de pénibilité ait remplacé la joie d'apprendre que je ne crois pas avoir été la seule à ressentir en classe ? Est-ce la faute de l'enseignement lui-même ? Je me le suis parfois demandé en découvrant, par exemple, combien la belle logique de la grammaire française a été défigurée, transformant en absurdité des règles jusqu'alors parfaitement compréhensibles et mémorisables par des jeunes enfants. Ou bien est-ce ma fille qui est fabriquée différemment des autres ? Une collègue m'a dit de façon très affirmative, un jour où nous discutions de nos progénitures respectives : « Tu sais, il y a des enfants qui ne sont pas du tout scolaires. » Je n'ai pas compris ce qu'elle voulait dire, et encore moins de quelle manière on se devait de réagir dans ce type de circonstance. Mais ce soir, sa remarque me revient à l'esprit. Et si c'était ça, la clé de l'histoire ? Une histoire sans queue ni tête, dans laquelle l'école serait obligatoire, mais certains enfants ne seraient pas « scolaires » !

*

En attendant, ce soir, je ne suis pas contente, et j'imagine que cela se voit, même si je ne me souviens plus exactement des mots que j'ai prononcés au moment précis où le père de Justine m'a annoncé qu'il « couvrait » sa décision de ne pas aller au collège. Une école buissonnière avec autorisation signée des parents, un comble ! La moutarde m'en est presque montée au nez. Mais ce n'est rien, au regard de la profonde frustration que j'éprouve de ne pas avoir été présente au moment fatidique pour argumenter, et tenter d'éviter une décision que je ne trouve franchement pas bonne. Pour dire les choses telles que je les ressens, je la juge même catastrophique ! Cette situation inattendue ne manque pas de réveiller mon inévitable sentiment de culpabilité de mère qui travaille, qui en temps normal sommeille dans un coin de ma conscience en me laissant relativement tranquille. Toujours prêt à se rappeler à mon bon souvenir au moindre dérapage. Oui, c'est vrai, je n'étais pas là quand il aurait fallu l'être, et je m'en mords déjà les doigts…

Je tente cependant de me raisonner, en songeant que rien d'irréparable n'a, pour l'instant, été commis, puisqu'il ne s'agit que de permettre à Justine de souffler un peu – de se reposer, de reprendre ses esprits, et avec un peu de chance, de trouver le « psy » qui l'aidera à repartir d'un bon pied. Un vieux film de Bertrand Tavernier, avec Nathalie Baye, me revient en mémoire. Il s'appelait *Une semaine de vacances*, et racontait l'histoire d'une enseignante au bout du rouleau qui se faisait porter pâle pendant une semaine, pour réfléchir à sa vie et prendre un peu de recul – déjà une histoire d'école qui fait mal. On y voyait l'actrice faire de longues et mélancoliques promenades parmi les vignes du Bordelais, sublimées par les belles couleurs de l'automne. Cette fois, c'est une élève qui se trouve au centre du scénario. Mais il s'agit d'une histoire vraie. Et surtout, c'est celle de ma fille.

*

Le lendemain matin, en quittant la maison pour aller au travail, je lève les yeux vers les fenêtres de notre appartement, le cœur serré. Derrière la baie vitrée du salon, j'aperçois une frêle silhouette en peignoir rose qui agite sa main dans ma direction. À mon tour, j'agite mon bras vers elle avec un pauvre sourire qu'elle ne peut, heureusement, pas apercevoir. Car les larmes ne sont pas loin.

Toutes sortes de questions m'assaillent. Que va faire Justine, seule avec notre petit chien, toute la journée ? Elle va lui faire faire sa promenade : je le lui ai expressément demandé, pour qu'elle se sente au moins responsable de quelque chose, et qu'elle ne reste pas enfermée à déprimer. Et puis ? Elle refuse l'école : que mettra-t-elle à la place pour combler le vide ? Va-t-elle au moins ouvrir un livre ? Ou au contraire s'avachir devant la télévision et consommer à flots continus ces émissions américaines pour adolescents, débiles de la première à la dernière réplique, que nous nous efforçons habituellement de l'empêcher de regarder ?

Je crains, hélas, que la deuxième hypothèse ne soit la bonne.

*

Avec l'école, tout est au clair. Le CPE est prévenu de l'absence de Justine, le professeur principal aussi. Nous avons passé un coup de fil au collège ce matin. Ils comprennent. Oui, eux aussi ont remarqué que notre fille ne va pas bien depuis la rentrée. Quelques jours de repos ? D'accord, mais alors pas trop longtemps. Car pendant ce temps-là, la classe va continuer d'étudier le programme de l'année. Et le programme, c'est sacré. Dès le premier jour de la rentrée, on commence à courir après lui, car il est de notoriété publique qu'il est beaucoup trop chargé, quelle que soit la classe, et que les élèves n'arriveront jamais à tout ingurgiter avant la fin de l'année scolaire. Alors, en manquant l'école…

De toute façon, il faudra que les camarades de Justine lui passent leurs cours et les devoirs qui correspondent, sinon elle prendra trop de retard, ce qui constituera pour elle un handicap supplémentaire. Dans sa classe, toute une organisation se met donc en place pour l'aider à franchir ce cap, ce que je trouve plutôt sympathique et vraiment solidaire. Voilà qui réchauffe tout de même le cœur. Résumons : Justine peut s'arrêter quelques jours d'aller à l'école... à condition de ne pas s'arrêter d'étudier. L'idée peut sembler paradoxale, peut-être même irréaliste, compte tenu de son état de stress, mais au fond, elle me convient. Je ressens même un certain soulagement, car dans mon esprit, il s'agit d'un compromis acceptable, et cela prouve de surcroît qu'il s'agit bien d'une situation passagère.

C'est aussi, je le découvre peu à peu, une servitude importante : commence une série de rotations entre notre domicile et celui de plusieurs camarades de Justine, qui, sous le contrôle des professeurs, s'organisent pour lui fournir chaque soir les cours de la journée. Évidemment, on ne va pas, en plus, leur demander de se déplacer : c'est donc moi qui m'y colle. Nicolas, Julie, Camille... Je connais désormais leurs adresses, j'y vais après le travail pour récupérer ce qu'il faut afin de faire travailler Justine. Certains ont chez eux le matériel pour photocopier les cours, d'autres non : c'est donc à nous de le faire, et de restituer le cahier très vite, pour ne pas pénaliser le ou la camarade qui a gentiment prêté ses affaires. Il importe aussi d'éviter de passer trop tard, pour ne pas déranger la famille. Le plus difficile est encore d'affronter le regard des autres parents. Ils me demandent des nouvelles de Justine, mais affichent sans s'en rendre compte un air de commisération insupportable. Je bafouille, m'embrouille dans mes explications, leur assure que tout rentrera bientôt dans l'ordre, m'excuse mille fois de les déranger de la sorte.

De toute évidence, malgré les politesses que nous nous adressons mutuellement, une distance grandissante s'installe entre eux et moi. Eux sont du bon côté de la vie, avec des enfants qui se réveillent le matin frais et dispos, vont à l'école d'un air guilleret après avoir embrassé leurs parents, travaillent sans qu'on ait besoin de le leur demander, n'ont pas d'état d'âme, et dînent à 19 heures après avoir pris leur bain sans faire d'histoire. Et moi, qui ai tellement envie d'être comme eux, je me sens irrémédiablement poussée vers l'autre côté, celui où plus rien n'est prévisible, où la normalité ne veut plus rien dire, où tout est à réinventer. Et que dire de Justine, qui, en coupant le lien qui l'attachait à l'école, et l'unissait à ses camarades, s'est mise au ban de la société des adolescents qui constituait jusqu'alors son univers...

À moins que ce ne soit justement cette société impitoyable, plus encore que l'école en tant qu'institution, qui l'ait poussée à faire un choix aussi radical ? Elle voulait tellement avoir des amis, rêvait tant de leur plaire, aurait tout donné pour qu'ils la regardent. L'auraient-ils rejetée ? A-t-elle été victime d'une forme de harcèlement de la part de ses camarades, ou de certains d'entre eux ? J'ai lu des témoignages faisant état de pratiques particulièrement humiliantes dans certaines cours d'école. Il paraît même que le phénomène s'amplifie, notamment au collège, où la combinaison de la mixité, de l'adolescence et de l'impuissance du système éducatif à amener tous les enfants au même niveau de connaissances – et même à les intéresser, tout simplement – entraîne des comportements plus ou moins pervers. Comme celui de harceler les élèves qui font régulièrement leur travail et se comportent correctement en classe, ce qui est le cas de Justine. À bien y réfléchir, l'hypothèse d'une rupture d'origine « sociale » me paraîtrait, dans son cas, encore plus inquiétante que celle d'une rupture d'origine purement scolaire. Mais ce ne sont que des conjectures. Ma seule certitude, c'est que Justine est en danger.

*

Avec Jean-Paul, nous sommes d'ailleurs immédiatement tombés d'accord : le temps que Justine passera seule à la maison doit être le plus réduit possible. Elle déjeunera chez ses grands-parents, ou chez la tante qui s'est occupée d'elle quand elle était bébé et qu'elle aime beaucoup. Bahman viendra plus souvent que prévu initialement, et de répétiteur, se transformera en professeur principal en attendant le retour au collège – un changement de statut qu'il a, par chance, bien voulu accepter.

Avec le père de Justine, nous n'avons pas formulé clairement les raisons pour lesquelles nous voulons qu'elle échappe à de trop longues journées de solitude, sans doute par pudeur. Mais tous les deux, nous pensons exactement à la même chose : au risque de suicide. Une adolescente déprimée, manquant de confiance en elle, en rupture d'école pour des raisons que nous ne parvenons pas encore à analyser… Comment ne pas être hanté par cette crainte, lui comme moi, tout au long de nos journées de travail ? Pourvu que la « semaine de vacances » de Justine ne dure pas trop longtemps !

Si quelqu'un nous avait annoncé, ce soir-là, qu'elle allait durer… deux ans, nous l'aurions certainement traité de fou.

Chapitre 4

Entre quatre murs
Justine

Après avoir quitté le collège, j'ai d'abord éprouvé un immense soulagement. Enfin, je n'avais plus besoin de supporter la douleur quotidienne ressentie chaque fois que j'y mettais les pieds. L'idée d'arrêter l'école était née et avait grandi en moi en même temps que mon mal-être. Je pensais que ne plus m'y rendre serait le remède ultime pour stopper ce chaos intérieur. Une fois à la maison, je réalisai que j'avais vu juste car, pour la première fois depuis longtemps, je me sentais calme, reposée et sereine. Je pouvais enfin vivre et respirer ! Ces mots paraîtront sans doute un peu forts en considérant ma situation, mais en étant à l'école j'avais réellement l'impression d'étouffer à l'intérieur d'un piège, ou d'être tombée dans un gouffre sans fond. Je ne dirais pas que j'avais peur de l'extérieur, mais je ressentais un écart entre moi et ceux de mon âge, en tout cas avec la plupart d'entre eux. Je ne partageais pas leur façon de penser ni leurs codes sociaux. Chez moi, je me trouvais enfin à l'abri, j'étais dans mon cocon et je me sentais bien, loin du regard des autres et de leurs jugements.

*

Au début, j'ai pris cette interruption un peu comme des vacances, et j'avoue en avoir profité. Je n'avais plus de règles ni d'horaires et n'en faisais qu'à ma tête. Je n'aurais pas eu assez d'énergie pour envisager un autre type de programme. Généralement, mes journées se déroulaient de cette manière : je me levais vers 9 heures, je prenais mon petit déjeuner devant la télévision du salon, parfois jusqu'à l'heure du déjeuner. Souvent, je restais en pyjama jusqu'à la fin du repas de midi. Ensuite, j'alternais Internet, télévision et DVD, et de temps en temps un peu de lecture. Au collège, j'aurais dû lire *La Femme de trente ans* de Balzac, mais moi, je préférais de loin *Bonjour tristesse*, de Françoise Sagan. L'après-midi, quand j'étais motivée, je sortais et j'allais à la Fnac dépenser mes économies en achetant des DVD, des mangas, des CD, des livres... histoire de m'occuper ensuite à la maison. Cependant, vers la fin de l'après-midi je me dépêchais de faire une partie du travail que ma mère était allée chercher la veille chez des camarades de classe. Si je ne voulais pas d'ennuis, j'avais besoin de témoigner d'un minimum de bonne volonté.

Au fil de ces premières journées, je me suis aperçue que ce rythme me plaisait et me convenait parfaitement. Je n'avais ni professeurs, ni élèves qui me mettaient la pression, je me sentais protégée des agressions extérieures. Je pouvais gérer à ma guise mon emploi du temps. Aussi je me rendais compte que j'arrivais à travailler beaucoup mieux qu'en classe. Le temps libre pendant ces premières journées gagnées sur l'école me permettait par ailleurs d'aller voir certaines personnes de ma famille, comme mes grands-parents ou ma grand-tante. Cela me faisait du bien de pouvoir les rencontrer plus souvent que d'habitude. Car j'avais le sentiment de ne pas être vraiment comprise, et qu'il n'y avait pas grand monde pour m'aider à trouver la solution aux problèmes se bousculant dans ma tête. Eux m'apportaient du réconfort, et j'avais l'impression qu'ils comprenaient beaucoup mieux mon mal-être et mon dégoût de l'école que mes parents. Moins impliqués et moins affectés personnellement par mon attitude, plus disponibles aussi, ils avaient du recul et m'aidaient à y voir clair.

*

Le jour où j'ai arrêté d'aller à l'école, j'ai eu conscience d'avoir mis mes parents devant le fait accompli, et cela les a pris au dépourvu. Je m'y attendais, car jusqu'alors, j'avais toujours eu à cœur de faire ce qu'ils me demandaient et ce qui leur faisait plaisir. C'était la première fois que j'agissais en mon nom propre. Par la suite, j'ai remarqué que ma mère avait un peu de mal à comprendre ce qui se passait mais qu'elle faisait des efforts. Au début, elle ne savait pas par quoi commencer pour résoudre ce problème. Mon père, lui, donnait l'impression de réfléchir à la question de manière plus posée afin de résoudre chaque problème point par point de manière méthodique. Au fond, je me sentais un peu coupable de ne pas avoir su expliquer mon geste, mais je ne trouvais pas les mots pour le formuler. Je me sentais donc mal vis-à-vis d'eux, surtout de ma mère, qui, je le sais depuis fort longtemps, idéalise l'école et voudrait que, comme elle, je la trouve formidablement stimulante. Sauf que je la voyais juste comme un lieu d'apprentissage où la présence des autres constitue une sorte d'obstacle à ma progression.

Pourtant, je n'ai pas un caractère particulièrement solitaire. Au contraire, j'aime vivre avec les autres – mais pas à l'école – et apprendre, mais loin des autres. C'est un peu paradoxal tant je me rends compte que nombre de mes amis d'aujourd'hui sont issus de mes années d'école, de collège ou de lycée.

Durant cette période, je suis restée en contact avec quelques proches et même si je ne les voyais plus tous les jours, je les appellais de temps en temps ou ils me contactaient. Au début, cela ne me manquait pas trop de ne plus les rencontrer. Au téléphone, tous me disaient que j'avais bien fait d'arrêter car ils avaient eux-mêmes constaté combien je n'étais pas heureuse au collège. Ils s'inquiétaient malgré tout et me demandaient si tout allait bien. Certains estimaient que j'avais eu du courage de rompre avec l'école.

*

C'était assez difficile de me mettre au travail. Je le faisais, mais sans trop de conviction, et j'y passais beaucoup trop de temps. Parfois il me fallait une après-midi entière pour venir à bout d'une tâche qui aurait pu être expédiée en deux heures. Quand Bahman venait m'aider, je prenais plus de plaisir à étudier. Bizarrement, avoir des heures fixes comme en classe rendait la chose moins pénible. Avec lui, les cours me paraissaient moins difficiles, car il prenait le temps de m'expliquer, quitte à s'attarder sur un seul point. Comme il n'y avait pas d'autre élève, il voyait tout de suite ce que je ne comprenais pas. Quelle chance de pouvoir avoir un professeur à moi seule !

Au moment où j'ai cessé d'aller en classe, je ne pensais pas trop à l'échéance imminente qu'était le brevet, et encore moins au bac, qui me paraissait très lointain. L'important était de me retrouver avec moi-même et de faire le point. Aussi, lorsque ma mère m'a dit qu'il serait judicieux de continuer mes études au moins jusqu'au bac, ça ne m'a pas inspirée. Passer le brevet ? Ce n'était pas ma priorité, mais j'étais prête à me laisser convaincre, car j'imaginais qu'une fois ce diplôme obtenu, j'aurais la possibilité de m'immerger dans le monde du travail rapidement. Mais aller jusqu'au bac ? La montagne me paraissait infranchissable, d'autant que je me projetais déjà en train de retourner dans un établissement où, pendant trois ans encore, il me faudrait supporter d'autres élèves. Non merci. Et puis, pour faire quoi ? Comment ma mère pouvait-elle imaginer que j'aie envie de passer ce fichu bac si, au pied de la montagne, j'étais démotivée et épuisée rien qu'en regardant le sommet ?

*

Au fur et à mesure que ces journées sans classe se succédaient, je devenais de plus en plus convaincue que ma décision était la bonne. Au fil des jours, c'était même devenu une évidence. Je voyais bien qu'elle allait entraîner nombre de problèmes, mais ce n'était pas le plus important à mes yeux. Seul comptait de ne plus ressentir de souffrance. En plus, j'avais découvert après quelques semaines qu'en restant à la maison, j'étais capable de travailler tout aussi bien qu'au collège, voire mieux.

Chapitre 5

Examen de conscience

Anne-Marie

C'est ma faute, c'est ma faute, c'est ma très grande faute… Jour et nuit, je me fais des reproches et ne pense qu'à ça : quelles erreurs avons-nous commises pour que Justine fuie ainsi l'école ? À la maison, quand nous nous retrouvons en tête à tête avec Jean-Paul, c'est devenu notre principal sujet de conversation. Commence un examen de conscience dont je ne suis pas certaine qu'il soit terminé, à l'heure où j'écris ces lignes. Où et quand nous sommes-nous trompés ? Avons-nous été trop insouciants pendant sa petite enfance ? Nous sommes loin d'être des parents « soixante-huitards », même si nous appartenons plus ou moins à cette génération : nous n'avons jamais pensé, comme le voulait la mode de l'époque, que les enfants pouvaient s'élever tout seuls, ou qu'il fallait les laisser faire ce qu'ils voulaient. Pour nous, l'autorité et les règles sont tout à fait nécessaires, mais nous nous méfions tout de même d'une trop grande rigidité des normes en matière d'éducation : chacun doit, au moins dans une certaine mesure, pouvoir progresser à son propre rythme. Simon, notre aîné, a marché à treize mois ? À nos yeux, ce n'est ni bien, ni mal, et nous n'allons pas en faire un point de référence obligé pour sa sœur. Elle ne marchera qu'à dix-sept mois : et alors ? Une fois qu'on tient debout, c'est pour la vie. Qu'importent quatre mois de plus ou de moins, au regard de toute une existence.

*

Oui, mais voilà. Au fur et à mesure qu'approche le moment de l'inscrire en maternelle, Justine ne parle toujours pas. Elle joue, elle sourit, elle fait des câlins délicieux et se sert parfaitement de son charme de blondinette, mais elle ne dit mot. Ou plutôt, elle dit des choses qu'on ne comprend pas bien. Comme pour la marche, nous n'avons pas voulu nous inquiéter outre mesure de cette acquisition tardive du langage. Mais à 2 ans passés, nous commençons sérieusement à nous interroger.

Consulté, le médecin de famille nous envoie chez un oto-rhino-laryngologiste qui fait passer toute une batterie d'examens à Justine. Conclusion : elle n'entend pas bien. Sans être complètement sourde, elle est atteinte d'une forme d'otite qui n'est pas douloureuse et ne se manifeste par aucune fièvre – impossible, donc, de soupçonner son existence chez un bébé sans examens spécifiques – mais qui réduit bel et bien la capacité auditive, et d'une façon assez conséquente. Et comme les enfants apprennent à parler en répétant ce qu'ils entendent, Justine ne parle pas encore. « Et voilà pourquoi votre fille est muette »...

Voilà aussi pourquoi elle a mis si longtemps à marcher, puisque l'audition et l'équilibre sont directement liés. Opération des oreilles, pose de yoyos, orthophoniste... Au bout de quelques mois, Justine fait son entrée en maternelle. À notre grand soulagement, elle se met enfin à parler.

Mais pas à tout le monde, comme je l'apprendrai, à ma grande surprise, trois ans plus tard !

*

« Madame, je n'ai pas entendu la voix de votre fille de toute l'année. » Nous sommes au mois de juin, Justine termine sa « grande section de maternelle ». Mme D., l'une des institutrices les plus expérimentées de l'établissement, est responsable de cette classe particulièrement importante puisqu'elle conduit à la « grande école » où s'acquièrent tous les savoirs de base. Elle m'a convoquée pour cette sévère mise au point, bien qu'à cette époque de l'année, il soit un peu tard pour rectifier le tir. Intérieurement, je me dis qu'elle aurait pu m'alerter plus tôt afin que nous agissions ensemble, au lieu de m'imposer cette séance de reproches désormais inutiles, et qui me blessent par tous les sous-entendus qu'ils véhiculent. Je m'interroge sur le but de ce rendez-vous, tout au long duquel elle m'explique que le mutisme de Justine ne permet guère de faire un bilan complet de ses capacités.

Comment se comportera-t-elle au cours préparatoire ? Sera-t-elle de nouveau muette, ou parlera-t-elle de bonne grâce ? Me voilà déjà en train de m'inquiéter. Si c'était l'objectif de cette mise en garde, c'est parfaitement réussi.

Mme D. n'est pas très commode, et encore moins souriante. Pourtant, tout au long de l'année, lorsque je l'interrogeais sur ses journées à l'école, Justine ne m'a parlé d'aucune difficulté particulière avec sa maîtresse. Au printemps, elle a même participé à une « classe verte » en Bretagne pendant toute une semaine, sous la direction de cette institutrice autoritaire. Lors des adieux devant le TGV, gare Montparnasse, j'avoue avoir été un peu inquiète. Mais tout semblait s'être bien déroulé : au retour, Justine avait même l'air ravie, alors que c'était son premier séjour hors du cadre familial, sans parents ni grands-parents. Elle s'était débrouillée pour s'habiller toute seule comme une grande, et n'avait même pas perdu le « doudou » qu'elle avait emporté avec elle ! Par-dessus le marché, elle avait rapporté un magnifique cahier plein de dessins, de coquillages et de grains de sable collés sur les pages, dont elle était très fière. Alors ?

En rentrant de ce rendez-vous qui, je dois le reconnaître, m'a un peu déstabilisée, j'interpelle Justine. Je lui rapporte les propos de Mme D. et lui demande une explication. Laquelle fuse, précise et directe, sans la moindre hésitation : « Mais maman, je ne l'aime pas, Mme D. » J'avoue humblement qu'à ce moment précis, je me suis sentie très partagée entre le rire et la consternation. Avec un fort penchant pour la première option, malgré tout. Et pourtant…

*

Je n'ai pas tout de suite compris la portée de ce premier échange rugueux avec une enseignante – il y en aura bien d'autres… – et des explications pour le moins surprenantes de ma fille qui ont suivi. Il me faudra plusieurs années pour saisir que chez Justine, le moteur affectif, présent chez tous les enfants, est amplifié d'une façon inhabituelle, au point de prendre souvent le pas sur le moteur cérébral. Pour la scolarité, c'est loin d'être l'idéal, et la question est évidemment de savoir pourquoi elle est ainsi faite. Je n'exclus pas que cela devienne un jour l'une des quêtes de sa vie. Par chance, au cours préparatoire, dans une nouvelle école, une certaine Sophie parviendra à motiver Justine pour la lecture et l'écriture. D'une grande douceur, consacrant du temps individuellement à chacun de ses élèves, c'est la personne idéale pour ce rôle décisif d'institutrice de CP.

Rétrospectivement, je mesure aujourd'hui le rôle essentiel qu'a joué ce fonctionnement affectif atypique dans l'histoire de Justine, son besoin d'être rassurée en permanence, son refus du moindre calcul rationnel lié à son intérêt et à son avenir. J'explique mieux, aussi, ses rejets – les maths, la gym à l'école – et ses passions – comme ce coup de cœur soudain pour le latin, en classe de 5e, grâce à un certain M. L. qui avait réussi le tour de force d'intéresser des ados du XXIe siècle, dont ma fille, à la Rome antique.

*

Cahin-caha, les années passent et Justine avance comme les autres élèves, mais à son propre rythme – elle reste lente et timide, séquelle probable de ses problèmes auditifs – et toujours en fonction de sa grille de lecture affective. Lors d'un nouveau changement d'école, Mme G. l'impressionne par ses cheveux rouges, sa voix forte, et ses remarques à l'emporte-pièce. Mais cette institutrice chevronnée a l'intelligence de se rattraper en cours d'année et de redoubler d'attention envers Justine, après s'être aperçue qu'elle la terrorisait. La maîtresse et l'élève finissent par se rabibocher, et l'année se termine sur un *happy end*. Avec M. E., ultraprofessionnel, toujours calme et souriant, c'est une année de rêve, Justine ne rechigne jamais à faire ses devoirs. Nouvelle classe verte, en Alsace, cette fois, accompagnée de nombreuses découvertes qui enthousiasment mon petit bout de fille. L'enseignant lui-même se fait rassurant, il est content de son travail et l'encourage à continuer. C'est en CM2, dans la classe de Mme C., que tout se gâte. Et que le parcours scolaire de Justine commence à partir en vrille.

*

Cette année-là, quelques semaines après la rentrée, nous nous apercevons que notre fille rentre le soir de l'école avec un visage de plus en plus fermé, qu'elle ne sourit quasiment plus, bref, qu'elle n'est plus la même. Seuls les vacances et les week-ends lui rendent sa spontanéité. Que se passe-t-il ?

Les relations avec Mme C. semblent difficiles, mais Justine refuse de raconter ce qui se passe en classe. Est-ce à cause de ses résultats ? Elle rapporte à la maison des notes déplorables, dont une quantité astronomique de zéros, des zéros énormes que l'institutrice aligne au stylo rouge sur toute la largeur de la copie, suivis de quatre ou cinq points d'exclamation marquant sa réprobation. Trouvant cela un peu curieux, nous constatons que ces zéros pointés peuvent être infligés pour un oui ou pour un non.

Un jour, lors d'un contrôle, les élèves ont dix questions auxquelles ils doivent répondre. Mme C. leur a fait préparer leur copie en inscrivant à l'avance sur chaque ligne les chiffres de 1 à 10. Mais Justine s'est décalée : elle a écrit la réponse à la question numéro 1 sur la ligne 2, celle de la question numéro 2 sur la ligne 3, et ainsi de suite. S'apercevant de son erreur, elle a maladroitement tracé une petite ligne pour remettre chaque réponse face au bon numéro. Ses réponses sont justes, pour la plupart. Mais elle décroche une nouvelle fois un zéro puissance 10, souligné de l'inévitable série de points d'exclamation.

Cette façon de procéder nous scandalise, car elle revient à tenir pour nul et non avenu l'effort fourni par l'enfant, à nier purement et simplement l'existence de son travail. Ce n'est pas seulement un manque de respect – et l'enfant y a droit comme l'adulte –, c'est aussi une méthode qui, dans le cas de notre fille, risque de se révéler totalement contre-productive. Pour aller de l'avant et prendre de l'assurance, elle a besoin qu'on reconnaisse ce qu'il y a de bien dans ce qu'elle fait, pas qu'on dévalorise l'ensemble de son travail en ne prenant en compte que ce qui ne va pas. Alors, quand nous apprenons que devant toute la classe, Mme C. a traité Justine de « nulle », notre sang ne fait qu'un tour. Jean-Paul et moi lui demandons un rendez-vous et nous y allons à deux, pressentant que ce ne sera pas une partie de plaisir.

« Votre fille lit-elle ? » demande d'emblée l'institutrice sur un ton revêche, comme si elle était déjà prête à en découdre. Nous répondons par l'affirmative, un peu étonnés de l'atmosphère hostile dans laquelle elle semble vouloir placer cette rencontre. « Et vous avez l'impression qu'elle comprend ce qu'elle lit ? » ajoute-t-elle d'un air soupçonneux. S'ensuit une conversation dont il ressort que Justine ne correspond pas à l'idée que se fait Mme C. d'une élève de CM2, à l'issue de sa déjà longue carrière dans l'enseignement qui lui donne le droit le plus absolu de ne pas être contredite par des parents d'élève. De notre côté, nous tentons de lui faire comprendre que, concernant notre fille, la manière forte ne peut que la conduire droit dans le mur. Un dialogue de sourds, dont je ressors en me disant qu'il est impossible de prolonger cette situation pendant une année entière. Cela risque de dégoûter Justine des études à jamais.

*

En début d'année, lors de la réunion parents-professeurs, Mme C. avait annoncé la couleur. « Je prépare vos enfants à l'entrée au collège, avec moi ils vont être confrontés dès cette année au rythme et aux méthodes de la classe de 6e. » À quoi le directeur avait ajouté qu'avec cette enseignante, les élèves seraient parfaitement préparés à l'entrée dans le « bon » lycée du quartier, rappelant au passage que ce lycée offrait d'excellentes classes « prépas » pour les éléments les plus brillants. Ce directeur se faisait fort d'obtenir un excellent taux d'intégration des anciens élèves de son école élémentaire dans ces fameuses classes prépas, un calcul assez ridicule qu'il était bien le seul à faire, mais certainement très satisfaisant pour son ego. Plutôt content de lui, cet homme aimait aussi à faire publiquement état de ses relations politiques et de ses invitations à déjeuner à la table d'un ministre.

De Mme C., nous ne savions pas grand-chose en ce début d'année scolaire, si ce n'est qu'elle avait la réputation d'être « dure », comme l'avait confirmé son discours de rentrée. Mais nous ne pouvions pas imaginer qu'elle se choisissait chaque année un souffre-douleur, et que ce serait cette année le tour de notre fille. Nous ignorions tout autant que depuis plus de dix ans, les associations de parents d'élèves demandaient sa mutation pour harcèlement. À la fin de l'année de CM1, M. E. ne s'y était d'ailleurs pas trompé : il avait plaidé pour que Justine soit placée dans l'autre classe de CM2 de l'école, celle d'un sympathique instituteur aux allures de professeur Tournesol, connu pour être à la fois bon pédagogue et proche de ses élèves. Mais mystérieusement, il n'avait pas réussi à obtenir gain de cause, nous avait-il annoncé lors de notre dernier entretien, l'air un peu ennuyé, sans nous donner plus d'explication. Entrer dans les détails l'aurait évidemment mis en porte-à-faux avec ses collègues, et cela, dans l'Éducation nationale, ce n'est même pas pensable. Sans doute pressentait-il que Mme C. risquait de « casser » Justine, comme elle en avait cassé d'autres les années précédentes – ce que nous, parents, ignorions. A posteriori, le seul reproche que nous aurions à faire à M. E., par ailleurs excellent enseignant, c'est d'avoir manqué de courage en ne nous confiant pas la vérité ce jour-là.

S'il avait joué cartes sur table, nous aurions certainement fait le siège du directeur de l'école dès la fin de l'année scolaire pour que notre fille puisse intégrer l'autre classe de CM2 à la rentrée suivante. Et si nous n'avions pas eu gain de cause, nous aurions eu tout l'été pour trouver un autre établissement pour Justine, ce que nous avons finalement été contraints de faire en cours d'année, dans la précipitation. Aujourd'hui encore, il m'arrive de me demander quel tour aurait pris la vie de ma fille s'il nous avait été donné de pouvoir éviter ces quatre mois funestes avec Mme C. dont j'appris l'année suivante, par un parent d'élève, qu'elle avait fini par être déchargée de son poste d'enseignante. Un nouvel inspecteur d'académie, m'a-t-on alors expliqué, avait remplacé celui qui « couvrait » le comportement de l'enseignante depuis tant d'années. Du coup, la plainte des associations de parents d'élèves avait enfin pu aboutir. Dès sa nomination, le nouvel inspecteur avait décidé d'envoyer cette institutrice en retraite anticipée. Une décision salutaire, mais pour Justine, le mal était fait.

Chapitre 6

Pourquoi je fuis l'école

Justine

Quelle goutte d'eau a fait déborder le vase ? Qu'est-ce qui a fait que je n'ai plus supporté ce que je supportais jusqu'alors ? La réponse est très difficile à donner. Seule certitude, mes problèmes remontent à loin. Quand je repense à ma scolarité, il est vrai que, sans savoir pour autant comment l'expliquer ni le décrire, j'ai toujours senti ne pas être tout à fait comme les autres. J'avais l'impression que mes camarades de classe possédaient plus de facilités et de compétences pour faire ce qui leur était demandé durant l'année scolaire. Est-ce que je pensais ne pas être aussi intelligente qu'eux ? Non. Mais j'avais le sentiment que quelque chose me bloquait pour atteindre le même niveau. Je pense qu'il s'agissait simplement de ma confiance. On m'a toujours reproché de ne pas participer en classe. J'ai conscience aujourd'hui que cela jetait forcément un doute sur mes connaissances. Depuis mes toutes premières années à l'école, je retrouve dans les bulletins scolaires la mention « *de bonne volonté, mais réservée* ». Cette étiquette m'a suivie jusqu'à aujourd'hui et j'ai fini par m'y habituer, jusqu'à ne plus trop y faire attention. Mais maintenant que je suis adulte, j'essaye coûte que coûte de m'en défaire, même si je n'ai pas encore trouvé la clé.

*

J'ai eu des maîtresses que j'adorais, et d'autres qui me terrorisaient. Ma mère m'a raconté un rendez-vous qu'elle avait eu en fin d'année avec mon institutrice de grande section en maternelle, qui lui avait annoncé que je ne lui avais pas parlé de toute l'année. Or elle me faisait peur, avec son physique imposant et sa voix forte, et en ne lui parlant pas, j'essayais juste de me mettre à l'abri. Elle était exigeante et sévère, un peu comme un sergent-chef, et c'était la première fois que je rencontrais une enseignante de ce type. Pour moi, cette personne était tout le contraire de ce que doit être une maîtresse. Pourtant, j'ai plutôt gardé un bon souvenir de la classe verte faite avec elle en Bretagne, et des promenades sur les plages de sable vêtue de mon K-Way et de bottes en caoutchouc pour ramasser des coquillages.

*

L'année décisive pour la suite des événements fut, je crois, celle de CM2. Une année à la fois dure et mouvementée. La maîtresse d'alors était plutôt spéciale, et du haut de mes 10 ans, il me semblait que cette femme prenait plaisir à terroriser ses élèves. Assez souvent, en classe, je la voyais s'acharner sur certains afin de les descendre, et elle faisait pareil avec moi. Pour punir les élèves, elle les mettait parfois sous son bureau !

Une journée particulière restera gravée à jamais dans ma mémoire. Durant son cours, elle s'est acharnée sur une de mes amies, une fille comme moi assez sensible. Je l'ai vue la casser pendant de longues minutes et ma copine, qui n'avait fait rien de mal, fondre en larmes. Devant toute la classe, l'institutrice avait détaillé par le menu les erreurs contenues dans son devoir, en soulignant combien cela reflétait son insuffisance. En assistant à la scène, je me suis sentie complètement révoltée, car elle ne méritait pas ce traitement. Quand mon tour est venu, j'ai senti que je devais en quelque sorte venger ma copine et lui montrer que moi, je ne me laisserais pas démonter de sitôt. Tandis que je passais un sale quart d'heure, j'ai retenu coûte que coûte mes larmes en regardant l'institutrice droit dans les yeux, voulant lui montrer que j'étais forte et que sa tentative d'intimidation ne me faisait ni chaud ni froid.

J'avais une aversion complète pour elle. Je voyais bien que son comportement n'était pas celui d'une enseignante normale. Je ne comprenais pas pourquoi elle faisait ça. Mais ce que je sais, c'est que j'en ai fait durablement les frais.

*

Cette année-là, je l'ai vécue un peu comme une période où il fallait à tout prix survivre. C'est sûrement à cette époque que j'ai commencé à perdre confiance. J'étais dans une phase de lutte contre ma persécutrice. C'est sûrement là aussi que j'ai commencé à me sentir mal à l'aise à l'école. Petit à petit, pendant ces premiers mois, je suis devenue plus silencieuse, et je ne trouvais plus de raison de sourire ni d'être joyeuse. Durant les vacances de Noël, mes parents, inquiets, m'ont retirée de l'établissement. Je fus un peu surprise de ce changement soudain, mais reconnaissante de l'initiative. Ils ont appris plus tard que cette maîtresse était, déjà avant mon arrivée, source de plaintes d'anciens parents d'élèves qui voulaient la faire virer mais qu'elle avait été protégée.

Ils m'ont très vite trouvé une nouvelle école, privée, où j'ai pu entrer dès le lendemain de la rentrée de janvier. En raison de ce qui était arrivé, et de l'état dans lequel ça m'avait mis, j'ai dû recommencer une année de CM1. Certes, j'étais soulagée de quitter mon ancienne classe, mais j'appréhendais d'entrer dans une nouvelle et me sentais un peu gênée de recommencer une année. À mes yeux, je n'avais pas mérité ce retour en arrière. Dès mes premiers pas dans le nouvel établissement, je me suis sentie bien, l'ambiance avait l'air plus détendue et la maîtresse se montrait souriante. J'ai tout de suite été prise en charge par une certaine Julie, une rousse assez dynamique qui m'a donné tous les cours depuis le début de l'année. J'ai été plutôt bien accueillie par les élèves, je me souviens que dans les premières récrés qui ont suivi ce jour-là, Hannah, une blonde aux yeux bleus, rigolote et enjouée, a été la première à venir spontanément me parler. C'est l'une de mes meilleures amies encore aujourd'hui. Il y a eu aussi Margaux et Manon, que j'ai hélas perdues de vue.

Durant cette année-là puis celle de CM2, grâce aux amis que je me suis fait, j'ai retrouvé le sourire, ce qui m'a permis d'affronter les cours dans de meilleures conditions. Cependant, même si je me reconstruisais peu à peu grâce à leur bienveillance et à celle de l'institutrice chargée de cette classe, quelque chose en moi s'était cassé.

*

Conséquence de cette fin de primaire plutôt chaotique, durant toute ma période de collège j'ai eu l'impression d'avoir un train de retard. Tant pour mes connaissances scolaires que pour mon intégration sociale. Comme si la carapace fabriquée dans ma première école m'avait coupée du monde. Comme si je m'étais figée dans un certain espace-temps et que les autres avaient avancé sans moi. Cela m'a valu quelques moqueries, ce qui ne m'aidait pas à sortir de ma coquille. Mais grâce à ma petite bande, dont Nicolas et Louise avec qui j'ai vraiment fait connaissance durant cette année de 6e, j'ai pu raccrocher les wagons.

*

Les premières années de collège, j'ai soufflé un peu. Enfin, je me sentais mieux, enfin j'avais l'impression d'être à ma place. J'ai eu quelques professeurs m'inspirant de la sympathie, et dont je comprenais beaucoup mieux les cours parce que je prenais plaisir à les suivre. De tous ceux-là, celui dont je me souviens avec le plus de nostalgie est un enseignant de latin, de la 5e à la 4e. C'est sûrement celui qui m'a fait le plus aimer sa matière. Il faut dire qu'il avait une certaine prestance, du charisme, et maîtrisait l'art du discours à la perfection. J'attendais toujours son cours avec impatience, comme si je m'apprêtais à assister à un grand spectacle. Je le revois encore nous parler de Calliope, d'Orphée et d'Eurydice, de la descente aux enfers et des effets magiques de la lyre. Devant nous, cette légende devenait vivante et nous étions captivés par le récit. Il nous entraînait dans un monde fait d'histoires, de personnages incroyables et de poésie. Il nous expliquait aussi combien l'Antiquité est restée présente dans notre culture. Un détail m'a aussi fascinée : cet enseignant arrivait toujours en cours avec une pomme à la main, qu'il finissait devant nous tandis qu'il donnait sa leçon. M'a toujours épatée sa faculté à manger sa pomme en entier en ne laissant que la queue !

*

C'est à partir de la 4e que les choses ont mal tourné. Est-ce que l'adolescence m'a changée, et a changé mes camarades de classe ? Dès la rentrée, l'ambiance fut différente. Des groupes se constituaient. Il y avait ceux à la mode, d'autres qui regroupaient les amateurs de mangas ou les fans de sport, et les élèves qui ne rentraient dans aucune case précise, ne se faisaient pas remarquer. J'appartenais à cette dernière catégorie. Rien n'était plus comme avant.

Chapitre 7

La chasse au psy

Anne-Marie

Qui donc nous aidera à comprendre ce qui se passe dans la tête de Justine ? SOS, famille en détresse. Le médecin aux poissons rouges s'étant disqualifié trop rapidement, il nous faut au plus vite trouver un psychologue capable d'engager le dialogue avec notre fille afin d'identifier l'origine de ses souffrances et d'engager des soins. Face à cette crise, nous devons nous rendre à l'évidence : impossible de nous en sortir seuls. L'intervention d'un tiers est nécessaire. « Vous devriez faire passer un bilan psychologique à votre fille », m'avaient d'ailleurs conseillé le professeur principal et le CPE du collège, lors de notre dernier rendez-vous. Encore faudrait-il savoir à quelle porte frapper, mais là, ce n'est plus leur rayon ! Aux parents de se débrouiller pour dégotter la bonne adresse, comme souvent dès qu'un problème dépasse, ne serait-ce que légèrement, les frontières de l'école. Mais comment s'y prendre ? Hélas, il n'existe aucun guide de la planète « psy » à l'usage des parents largués en rase campagne par leur ado. Nous avons donc tâtonné, écouté le bouche-à-oreille, et lancé en parallèle les différentes pistes qui paraissaient pouvoir nous conduire quelque part, sans savoir laquelle serait la bonne.

*

Naïvement, j'ai commencé par consulter la liste des psychologues répertoriés dans notre quartier : d'abord les pages jaunes de l'annuaire, puis les listes fournies par diverses associations professionnelles. J'ai été très surprise à la vue de la quantité de noms ainsi obtenue, même en ne conservant que ceux qui s'affichaient comme spécialistes des difficultés liées à l'enfance ou à l'adolescence. Presque autant que de médecins généralistes ! Nos enfants seraient donc aussi souvent malades dans leur tête que dans leur corps ? Quel choc ! Pas plus que n'importe quelle autre mère, je n'ai été préparée à cela. Nous savons toutes – et les pères aussi, désormais – quoi faire en cas d'accès de fièvre, nous connaissons les symptômes qui nécessitent de faire appel à un médecin, et nous savons parfaitement où le trouver. Mais pour ces bleus à l'âme auxquels nous n'arrivons même pas à donner de nom, nous manquons sérieusement de repères. Aveuglement ? Déni de réalité ? Et si c'était nous, adultes, qui avons besoin de pérenniser ce mythe du bonheur enfantin pour conserver notre propre équilibre ?

Toujours est-il que les longues listes désormais à ma disposition ne me mènent pas à grand-chose. Sous les courtes notices résumant l'activité de ces nombreux professionnels transparaît la multiplicité de leurs approches et de leurs méthodes : thérapie comportementale, psychothérapie analytique, cognition et développement, gestion du stress, estime de soi... Comment s'y retrouver parmi ces spécialités, comment choisir la bonne, et comment être sûr de ne pas avoir affaire à un charlatan ? Ne trouvant pas la réponse, j'ai commencé à collecter des adresses fournies par des amis ou des proches ayant eu l'occasion de consulter pour leurs propres enfants – une garantie de sérieux, me dis-je. Mais leur histoire n'avait rien à voir avec celle de Justine. Alors pourquoi privilégier l'un plutôt que l'autre ? Pourquoi Isabelle B. à Colombes plutôt que Martine C. à Saint-Cloud ? Le casse-tête m'a semblé sans issue.

*

Notre cher Bahman étant étudiant en psychologie, je lui ai bien sûr aussi demandé son avis. Il m'adresse à l'une de ses amies, une certaine Nancy. Elle travaille pour une association qui met en réseau des neuropsychologues, ces médecins qui étudient les relations entre les comportements humains et le fonctionnement du cerveau. Encore une nouvelle découverte pour moi, dans cette immersion involontaire au pays des psys qui ne fait que commencer. Prête à essayer toutes les pistes pour résoudre les problèmes de ma fille, j'appelle aussitôt Nancy, et nous prenons pour le lendemain un rendez-vous auquel participera aussi Justine, puisqu'elle est désormais libre comme l'air, et qu'elle a tout de même 15 ans : j'aimerais tellement qu'elle soit partie prenante à la résolution de sa situation !

Nancy nous explique quelle est la nature de la proposition qu'elle peut nous faire. Justine peut effectuer auprès des médecins affiliés à l'association dont elle fait partie un test neurocognitif permettant d'établir un bilan sur ses éventuels troubles de l'apprentissage. Dans un deuxième temps, elle pourrait bénéficier d'un suivi psychologique par l'un des professionnels du réseau. Une démarche que je trouve intéressante, mais pas forcément adaptée à la situation immédiate de ma fille : si c'est bien par un rejet de l'école qu'elle exprime ses difficultés, c'est son mal-être profond qui me paraît primer sur la question purement scolaire. Son état léthargique, voire dépressif, m'inquiète bien plus que sa difficulté à retenir les formules d'algèbre ou les règles de grammaire. Là se trouve donc, à mes yeux, l'urgence immédiate. S'agissant des éventuels dysfonctionnements de ses fonctions d'apprentissage, nous verrons plus tard. Ma réaction, je l'avoue, est instinctive, et je me rends compte qu'elle peut aussi me conduire à faire fausse route. Je commence à peine à comprendre combien la responsabilité qui pèse sur nous vient de s'alourdir, concernant Justine. Un chemin peut mener à la rédemption, un autre à l'impasse, mais nous ne le saurons que dans plusieurs années ! Et il sera alors trop tard pour rectifier le tir.

Pour l'heure, Justine suit la conversation avec Nancy d'un air ravi, qui tranche avec sa morosité habituelle. Je vois bien que ce rendez-vous, pris à l'heure du déjeuner dans un café très animé, est pour elle la preuve vivante que ce qui se passe au-delà des murs de l'école est bien plus amusant que ce qui se déroule à l'intérieur. Par ailleurs, Nancy est une jeune femme d'une élégance raffinée, avec des ongles longs décorés avec fantaisie et une coiffure très élaborée : Justine est en admiration devant une personnalité tellement plus séduisante que celles qui interviennent dans son quotidien, au collège. Nancy lui raconte qu'elle-même a traversé des périodes difficiles, et qu'elle a aussi failli arrêter ses études. « Tu sais, Justine, il y a beaucoup de façons différentes d'apprendre, et il n'y a pas que l'école », lui explique-t-elle dans un grand sourire chaleureux.

Cette rencontre, comme beaucoup d'autres durant cette aventure, sera sans lendemain, puisque nous choisirons finalement de suivre un autre chemin. Mais nous nous en souviendrons longtemps, comme d'une porte ouverte sur des horizons que nous ne soupçonnions pas jusqu'alors, et surtout comme d'un moment de discussion joyeuse et positive. Et c'est bien la première fois, après le coup de massue de la déscolarisation de Justine. De quoi remonter le moral de la fille comme celui de la mère, au moins pour quelques heures ! Nous en avons besoin.

*

Mais il faut continuer à avancer. Jean-Paul, par son travail d'éducateur spécialisé, est en contact avec le centre C., assez proche de notre domicile, qui est à même d'effectuer des tests psychologiques. Pourquoi ne pas prendre langue avec ses responsables, et demander un rendez-vous pour le fameux « bilan » dont on nous a parlé ?

Aussitôt dit, aussitôt fait. J'appelle à plusieurs reprises et finis par trouver une interlocutrice. C'est l'assistante sociale qui décroche le téléphone. Elle est tout à fait charmante, ne demande pas mieux que de m'aider, mais me douche instantanément : pour effectuer un bilan, il y a au moins trois mois d'attente ! Moi qui croyais avoir enfin trouvé de quoi enclencher une spirale positive, me voilà de nouveau le bec dans l'eau. Je tente de l'apitoyer, commence à raconter notre histoire, en expliquant qu'il y a tout de même une certaine forme d'urgence. Un discours qu'elle a dû déjà entendre des centaines de fois de la part d'autres parents, mais dans l'instant, je n'en ai pas la moindre conscience : je suis seule au monde.

Dans le courant de notre conversation, que je prolonge pour obtenir le plus de renseignements possible, mon interlocutrice finit par me fournir une information stratégique : il existe, à l'ouest de Paris, une consultation spécialisée pour les adolescents. C'est celle du docteur R. à l'institut T., et dans notre cas, la bonne marche à suivre consiste à prendre d'abord rendez-vous avec lui : il saura nous orienter. J'inscris aussitôt les coordonnées de l'établissement dans mon carnet. C'est très éloigné de notre domicile, mais si c'est la bonne façon de procéder, nous ferons évidemment ce qu'il faut… Dans un coin de page, je note aussi l'argumentaire que cette assistante sociale me conseille d'utiliser lors de mon premier appel : « Fille déprimée, état inquiétant. Trois mois d'attente au Centre C., même pour un cas urgent. L'assistante sociale me renvoie donc au service du docteur R. à l'Institut T. »

*

Quelques jours seulement se sont écoulés depuis que Justine a arrêté d'aller à l'école, mais j'ai l'impression que ce sont des semaines. J'ai beau multiplier les démarches, j'ai le sentiment de tourner en rond, et je piaffe d'impatience en attendant d'obtenir un rendez-vous avec quelqu'un de compétent qui puisse nous aider à analyser ce qui se passe vraiment. Mon ami Jean-Baptiste, dont la fille adolescente connaît aussi des problèmes, ne jure que par le docteur S. à la Maison de Solenn, à Paris. Une consultation pour adolescents créée à l'intérieur de l'hôpital Cochin et initiée par Patrick Poivre d'Arvor, père d'une jeune fille – Solenn, donc – que l'anorexie a conduite au suicide. Jean-Baptiste m'assure qu'il peut toucher un mot à l'assistante du docteur S. pour accélérer la prise de rendez-vous. Au fond, pourquoi s'en priver ? Va pour la Maison de Solenn. Rendez-vous est pris pour le 30 octobre, et cette fois, c'est Jean-Paul qui s'y colle.

Mais à son retour, c'est la déception. Car si le docteur S. a bien reçu Justine, et écouté ce qu'elle avait à lui dire, il a déclaré ne pas pouvoir prendre en charge sa thérapie, notre domicile n'étant pas dans son rayon d'action. Allons bon, nous n'y avions pas pensé. Il nous renvoie au Centre J., à Nanterre ! Dans le dédale des services hospitaliers, il nous manque manifestement un mode d'emploi... L'espoir revient quelques jours plus tard, quand quelqu'un finit enfin par répondre à mes appels répétés à l'institut T. Et ce quelqu'un nous adresse justement à ce même établissement.

Rattaché à un hôpital de la région parisienne, l'institut T. possède quatre antennes réparties dans plusieurs départements, dont celle de Nanterre. Et c'est d'elle que nous dépendons géographiquement. Ouf ! Encore fallait-il le savoir. Le patron de l'établissement, sous la direction duquel travaille une équipe de psychologues, est le docteur G.B., psychiatre, spécialiste des pathologies des enfants et des adolescents. Il nous donne un rendez-vous très rapidement. Quel soulagement ! L'action va enfin remplacer l'attente et le sentiment d'impuissance. Du moins le croyons-nous.

*

« Alors, qu'est-ce qui arrive à Justine ? »

Derrière son petit bureau qui ressemble à celui d'un maître d'école, le docteur G.B. aux cheveux grisonnants semble avoir du mal à loger sa silhouette massive. Il nous regarde d'un air bienveillant, mais énigmatique. Comme il se doit, pour cette première rencontre, il a souhaité nous avoir tous les trois : le père, la mère et la fille. Et nous l'avons très bien compris, même si ce rendez-vous en milieu d'après-midi, un jeudi, a été un véritable casse-tête à organiser. Nous sommes venus pour raconter en détail ce qui s'est passé, mais c'est loin d'être facile. Les mots ne sortent pas tout seuls, et si le docteur G.B. est, de toute évidence, très à l'écoute, il ne se montre pas très bavard. À peine nous relance-t-il quand il s'aperçoit que nos explications commencent à s'enliser et que nous bafouillons un peu.

Justine, elle, est quasiment muette depuis le début du rendez-vous, et ne répond quasiment que par « oui » et par « non ». Manifestement, elle se sent mal à l'aise. Et la vérité oblige à dire que nous n'en menons pas large non plus ! De longs silences pesants ponctuent nos échanges. Soudain, je réalise pourquoi : alors que nous venons chercher de l'aide pour Justine – et il faut souligner qu'elle-même n'est absolument pas demandeuse, d'où sa réticence –, nous sommes envahis par un sentiment de culpabilité terrible. Notre présence dans ce bureau est un aveu d'échec, et nos ego de parents en prennent un sacré coup. Épisode après épisode, nous dressons la liste de tout ce dont nous aurions dû prendre conscience bien plus tôt. Face au docteur G.B., nous devons avoir l'air penauds et un peu ridicules. Dans son regard, je ne peux m'empêcher de lire une lueur d'amusement, voire d'ironie. Mais peut-être est-ce moi qui me fais des idées.

*

Le Centre J. est situé sur une des collines qui surplombent Paris à l'ouest, dans une voie d'allure provinciale, au milieu de petits pavillons entourés de jardins à arbres fruitiers. Une ambiance de banlieue à la Tardi, avec ses pavés usés, ses trottoirs étroits, et ses bistrots qui n'ont pas changé de décoration depuis les années cinquante. Il faut pousser la grille, traverser la cour, entrer dans la petite maison qui ressemble à toutes celles de la rue pour se retrouver dans une salle d'attente, où patientent des enfants de tous âges, certains très jeunes.

Nous y retournons avec Justine pour rencontrer M. F., le psychologue que le docteur G.B. a choisi pour s'occuper de Justine, après avoir eu un nouvel entretien avec elle. Pour ce premier rendez-vous, le psychologue a demandé à me rencontrer en même temps que ma fille. Objectif, répéter devant lui tout ce que nous avons déjà eu tant de mal à formuler devant le docteur G.B. ! Or, ce M. F. se révèle encore moins causant que son patron, et je ne le sens pas aussi bienveillant que le médecin grisonnant, qui en a vu tellement d'autres. En tout cas, il n'esquisse pas le moindre sourire de tout le rendez-vous. J'ai même l'impression qu'il me regarde d'un air soupçonneux, mais ça doit encore être ma parano.

M. F. choisit avec Justine un jour et une heure pour leur futur rendez-vous hebdomadaire, qui se tiendra naturellement sans moi. Ma fille va devoir s'habituer à prendre le bus toute seule jusqu'au petit pavillon de banlieue où officient ces soignants dévoués à la cause des enfants et des adolescents. Nous sommes déjà fin novembre, et c'est la perspective d'une thérapie de longue haleine qui se profile. « Il va falloir du temps, beaucoup de temps », nous avait prévenus le docteur G.B. lors de notre première rencontre.

Le temps : une dimension que nous avions complètement occultée, nous qui avons fini par nous habituer à l'accélération frénétique de nos rythmes de vie professionnels, et par conséquent de nos vies tout court. Partout, le maître mot est l'urgence. Un mot que je vais apprendre peu à peu à bannir de mon vocabulaire, malgré l'impatience que j'ai de trouver des solutions aux problèmes de ma fille. Car l'humain fait de la résistance. Nous l'avions oublié. Si votre enfant va mal, il faut d'abord du temps, même si c'est la dernière chose que vous avez envie d'admettre !

Chapitre 8

Le bus numéro 157

Justine

Le bus 157, c'est celui que je prends pour aller voir mon psy. Quand on est assis près de la fenêtre, on aperçoit d'abord les tours de la Défense qui montent jusqu'aux nuages, la Seine et ses berges verdoyantes, puis on traverse un pont et le bus se met à grimper des rues assez raides. Je ne savais pas qu'il y avait tellement de collines autour de Paris. Et je ne suis pas mécontente de sortir de la maison de temps en temps, puisque je ne vais plus à l'école. Cela me permet de ne pas rester enfermée trop longtemps. Quand sonne l'heure d'attraper le bus pour aller à ma séance, cela me fait du bien. Ce rendez-vous est une occupation comme une autre qui rend ma journée un peu moins longue. Une sorte de distraction à laquelle je prends un certain plaisir.

*

Au début, je suis un peu stressée car j'ai peur de me tromper d'arrêt et de me retrouver dans un quartier que je ne connais pas, où je pourrais me perdre. Alors, je regarde plusieurs fois le plan de la ligne, histoire d'être sûre de descendre au bon endroit. Mais après quelques semaines, il me semble être devenue une habituée, car je connais le trajet par cœur. Une fois dans le bus, je ne pense pas à grand-chose, je me laisse porter par ma rêverie. Assez souvent j'écoute du rock sur mon iPod, mais de temps à autre je me plonge dans un bouquin ou un magazine. Il m'arrive aussi d'observer les gens assis, essayant d'imaginer leurs vies, ce qu'ils sont, ce qu'ils font, s'ils sont heureux. Cela me divertit et m'apaise car, pendant de longues minutes, je ne pense plus à moi ni à ma situation. Et je relativise un peu mes problèmes.

*

À Nanterre, dans le quartier du psy, ce qui me frappe en premier, c'est le côté apaisant et reposant de l'endroit. Dans ce quartier pavillonnaire, la verdure est omniprésente et, à chaque fois que j'y mets les pieds, j'ai presque l'impression d'arriver à la campagne. Si bien que je me sens moins oppressée qu'au milieu des immeubles. Pour aller chez lui, il faut suivre quelques petites rues exclusivement bordées de pavillons et puis, à un moment donné, sur la gauche, prendre une ruelle un peu cachée qui mène jusqu'à la petite bâtisse qu'on appelle la Maison des adolescents. Une fois à l'intérieur, je dois patienter dans une entrée faisant office de salle d'attente. De la chaise sur laquelle je suis assise, j'aperçois un vieil escalier de bois et, tout au fond, une pièce où se trouvent les secrétaires qui nous appellent lorsque vient notre tour. Les autres enfants ou ados, je n'y fais pas trop attention, même si mon attente est toujours assez longue. Je sais qu'ils sont là mais ne cherche pas à m'imaginer ce qui les a conduits, comme moi, dans cet endroit. Je me préoccupe plus de me préparer à mon rendez-vous. Aussi j'essaye de me souvenir de ce que nous avons dit lors du précédent entretien avec le psychologue, et des sujets que j'ai envie d'aborder.

Évidemment, ce n'est pas moi qui ai demandé à voir un psy. Quand j'ai quitté le collège, mon professeur principal me l'avait conseillé, mais comme j'étais paumée, je n'en avais pas éprouvé la nécessité. Après quelque temps, je me suis dit que ce n'était peut-être pas une mauvaise idée, puisque je n'arrivais pas à parler à mes propres parents, lesquels, je le voyais bien, étaient complètement perdus. Alors, pourquoi ne pas l'évoquer avec une personne extérieure ? Et puis, je sentais que j'avais besoin d'exprimer certaines choses gardées en moi. Je devinais le besoin de déballer ce qui m'avait fait souffrir à l'école, comme en dehors.

*

Un psy, je ne savais pas trop ce que c'était. Dans ma petite enfance, j'ai pourtant eu l'occasion de consulter toutes sortes de spécialistes, d'abord pour l'otite qui m'a causé un retard du langage et des difficultés. Ensuite, pendant de longues années, je suis allée voir des orthophonistes qui m'ont aidée à rattraper ce retard. Sans me transformer en quelqu'un de différent de mes camarades, ces rendez-vous répétés ont tout de même installé en moi l'idée que j'avais besoin d'un peu plus de temps qu'eux pour comprendre les choses. En réfléchissant, c'est peut-être de là que vient mon manque de confiance.

Mais mon premier psy fut le docteur M., vu avant que j'arrête d'aller au collège. Je dois dire que cette rencontre n'est pas restée un souvenir impérissable. Son discours condescendant envers mes parents et moi-même m'a tout de suite déplu. J'étais consciente que je n'allais pas bien, mais lui a conclu que mon mal-être était un caprice de gamine ! Ce type ne m'avait pas du tout cernée et ses consultations ne servaient à rien. C'est pourquoi, assez vite, j'ai arrêté de le voir.

À Nanterre, c'est différent. La première fois que j'y suis allée, j'avais mon premier rendez-vous avec le docteur G.B. Je me rappelle bien sa physionomie. Un homme grand aux épaules carrées, avec des cheveux blancs et le visage traversé de rides qui lui donnaient un aspect plutôt sympathique. Ses yeux me regardaient avec l'air bienveillant et compatissant d'un grand-père prêt à vous écouter, vous comprendre, et qui vous met en confiance. Il semblait réellement vouloir m'aider. À la fin de l'entretien, il m'a prescrit des antidépresseurs et quelque chose pour dormir. J'ai vu que l'ordonnance inquiétait un peu maman, mais ce n'était que pour trois mois. En tout cas, je me suis vite sentie mieux et mes nuits furent apaisées.

*

Le docteur G.B. ne fait que superviser ma thérapie : chaque semaine, c'est le psychologue, M. F., que je vois. Un homme mince, aux cheveux bruns, barbu avec une moustache et portant des lunettes, beaucoup plus jeune que son patron. À chaque séance, le rituel est identique : il me pose quelques questions, histoire de démarrer la conversation, conversation qui n'est autre qu'un dialogue avec moi-même, car lui se contente d'acquiescer ou de lancer des mots comme « poursuivez », voire une onomatopée qui ressemble à « hm-hm ». Parfois, il se contente de reprendre ma dernière phrase en la faisant suivre d'une question censée faire avancer mon monologue.

Ces rendez-vous me permettent en tout cas d'exprimer à haute voix les questions qui me taraudent et de raconter au psychologue ce que je n'ai jamais pu dire à mes parents, de lui confier ce qui me tracasse, ce que je ne comprends pas, ainsi que les doutes auxquels je n'ai jamais trouvé de parade. Il m'aide à mieux comprendre ce qui est arrivé. Cependant je garde pour moi certains détails, qui, à mes yeux, ne doivent pas forcément être réglés avec un psy.

*

Quand je rentre à la maison le soir, après une séance, mes parents me disent que je suis euphorique. Je trouve le mot un peu trop fort. Je dirais plutôt que mon état d'esprit est apaisé, que je me sens plus légère, comme libérée d'un poids. Pendant plusieurs mois, ces rencontres hebdomadaires m'aident à évacuer plusieurs années de mal-être, scolaire mais aussi familial, et à mettre des choses à plat. Ces rendez-vous m'aident plus ou moins à oublier les moments les plus difficiles vécus, et à essayer de redémarrer de zéro.

Pourtant, au bout d'un certain temps, j'ai le sentiment que l'efficacité des entretiens s'amoindrit. Surtout, les questions du psy, pratiquement les mêmes à chaque fois, finissent par m'agacer plus qu'elles ne me font avancer.

Chapitre 9

À la recherche d'une autre pédagogie

Anne-Marie

Est-ce vraiment Justine qui ne tourne pas rond ? Ou l'école qui n'est pas adaptée à elle ? Et si, pour une fois, on inversait les facteurs ? Et s'il existait une école « différente », dont la priorité serait l'enfant et non les sacro-saints programmes, une école où ma fille pourrait enfin s'épanouir ? Depuis quelques jours, je remue cette idée dans ma tête, je la tourne dans tous les sens, et je la trouve de plus en plus évidente. Sauf que j'ignore totalement si un tel établissement existe quelque part, et si jamais il existe, je ne sais à qui m'adresser pour savoir où il se trouve. Comme tout le monde, j'ai entendu parler des pédagogies dites alternatives, j'en connais les noms les plus célèbres – Freinet ou Montessori – mais j'ai du mal à y mettre un contenu précis. Je sais aussi qu'il existe des établissements publics qu'on appelle expérimentaux, sans être bien certaine de ce qu'on y expérimente, et avec quel genre d'élèves.

Quelque part dans ma mémoire, j'ai aussi le vague souvenir d'un livre intitulé *Libres Enfants de Summerhill*

– vérification faite en écrivant ces lignes : il est d'Alexander Sutherland Neill – dont la traduction en français avait fait sensation dans les années soixante-dix. Et pourtant, l'expérience datait d'avant la Seconde Guerre mondiale ! Ce pédagogue en rupture avec la société britannique, et avec son système éducatif, y racontait comment il avait créé une école nouvelle dont le principe fondateur était que les enfants doivent avoir « droit au bonheur ». Dans cette école, qui paraît-il existe toujours, une liberté totale est laissée aux élèves… Au fur et à mesure que ma fille s'enfonce dans la dépression, et que son visage affiche une mine si triste, l'idée qu'il puisse exister quelque part une école du « bonheur », je dois l'avouer, me fait passablement fantasmer.

*

À vrai dire, je m'en veux un peu de mon manque de lucidité. Pourquoi avoir suivi si aveuglément le modèle imposé par l'Éducation nationale ? Pourquoi ne pas avoir exercé mon esprit critique plus tôt ? Je m'étonne moi-même d'avoir supporté si longtemps les remarques des enseignants sur ma fille, sans jamais en tirer les conséquences. Avec le recul du temps, je me rends compte combien ma vénération pour l'école reposait sur des images datées – celles de ma propre enfance – et sur une idéologie républicaine paradoxalement très proche de la conviction religieuse. Alors, maintenant que j'ai ouvert les yeux sous la pression des événements, mon propos n'est évidemment pas de trouver une idéologie de rechange : je cherche plus modestement une solution adaptée à Justine. Et quelque chose me dit qu'une approche plus humaniste de l'enseignement pourrait la réconcilier avec l'école.

Ce qu'elle fuit, me semble-t-il, ce n'est pas tant l'obligation d'apprendre que le contexte dans lequel doit se faire cet apprentissage : les relations difficiles avec les professeurs et les camarades, la compétition permanente, le dénigrement, les devoirs qui n'en finissent pas, la pression psychologique. Et les notes qui ne cessent de baisser, ce qui bien sûr n'arrange rien. Une spirale infernale à laquelle elle a mis fin de son propre chef. Mais en changeant son environnement, en lui trouvant un établissement dans lequel elle serait plus heureuse, plus confiante, pourquoi ne reprendrait-elle pas pied ?

Quand je lui parle d'une école « différente », Justine me sourit et répond : « Pourquoi pas ? » Et me voilà repartie en quête de l'établissement idéal, comme lorsqu'elle était devenue la tête de Turc de son institutrice de CM2 et qu'il fallait mettre fin au plus vite à une situation insupportable. Mais, je veux m'en persuader, cette fois sera la bonne ! Pleine d'espoir et de courage, je me sens prête à escalader des montagnes pour que ma fille retourne en classe. Faisant abstraction de toutes les difficultés, je m'imagine même que cela pourrait se faire rapidement, si j'arrive à identifier le bon établissement.

*

Une chance au milieu de mon malheur : au XXIe siècle, eles mères égarées dans le maquis impitoyable de l'éducation ont deux alliés qui ne les trahissent jamais. Ils ont pour nom Internet et Google. Car ce dont je souffre le plus, c'est d'abord d'un cruel manque d'information, et ensuite d'un sentiment de solitude et d'isolement : je ne connais personne qui se soit trouvé dans la même situation et avec qui je pourrais échanger des impressions, voire des tuyaux utiles. À qui parler de notre cas ? Surtout pas aux associations de parents d'élèves, totalement embrigadées, qui se gargarisent de l'excellence des écoles qu'ils visent pour leur progéniture et de la réussite promise au bout du chemin, sans jamais s'intéresser à ceux que le système abandonne sur le bas-côté. Un parent d'élève en difficulté ne peut strictement rien attendre de ces organismes, qu'ils soient de droite ou de gauche, laïcs ou confessionnels. J'ai bien essayé : dialogue de sourds. Comment, dans ce cas, s'informer sur ce qui peut exister en dehors de l'Éducation nationale ? Sur mon clavier d'ordinateur, je tape « école différente », « école moderne », ou encore « pédagogies alternatives », et une quantité incroyable de réponses m'arrive aussitôt !

Première découverte : les forums de discussions entre parents. Qui sont-ils ? Où vivent-ils ? Je n'en sais rien, mais pour la première fois, je trouve dans leurs messages comme un écho de ce que je vis, et je me sens moins seule. L'enfant d'une internaute « va à l'école sans aucune motivation, ni envie » et se retrouve du coup « totalement déconnecté des cours ». Un parent demande s'il existe d'autres solutions que « le bourrage de crâne par le corps enseignant, et involontairement par nous, parents ». Un autre témoigne que le prix à payer pour la réussite scolaire est souvent pour les adolescents « un grand stress et pour certains (pas tous) le développement d'insomnies, psoriasis, eczéma, etc. ». Tous sont en quête d'un autre type d'école pour leur enfant, mais ils semblent avoir du mal à la trouver ! Un jour, je tombe sur le site d'une association qui propose exactement ce que je rêve d'avoir entre les mains : un guide complet de toutes les écoles « différentes » de France. Le sous-titre de l'ouvrage – « Nous sommes tous ministres de l'Éducation » – me fait bien tiquer un peu : c'est exagéré, et un peu bêta. Mais j'ai tellement besoin de signaux positifs que je n'y fais qu'à moitié attention.

En parcourant le site, je bois du petit-lait. Je me dis que j'ai bien raison de ne pas tenir Justine pour seule responsable de ce qui lui arrive, que je ne fais pas fausse route en pensant qu'une psychothérapie n'est pas la seule réponse à ses difficultés, et qu'il faut aussi regarder du côté de l'école. Ce que je lis me réconforte : « L'école traditionnelle, publique ou privée, est de plus en plus inadaptée à la grande majorité des enfants et adolescents, autant qu'aux besoins d'une société en pleine mutation. Elle ne peut que fabriquer de plus en plus d'inadaptés, dégoûtés à vie d'apprendre, alors qu'une formation continue, active et coopérative, est déjà une nécessité. »

Même si le style laisse à désirer, cela résume bien les craintes que j'éprouve face à la situation dans laquelle se trouve Justine. Les pages que je fais défiler sur l'écran me donnent de bonnes raisons de croire qu'une solution existe : « Loin d'être "parallèles" (= marginales), ces écoles différentes, publiques et privées, prouvent depuis des décennies qu'on peut, en respectant la nature, les besoins et les rythmes des enfants, tous différents, concilier une "réussite" scolaire, et l'épanouissement d'un individu. » Comme j'ai hâte d'en savoir plus !

Le guide commandé sur Internet est arrivé en vingt-quatre heures chrono, et je suis soulagée de constater qu'il n'y a pas d'arnaque : de nombreuses adresses sont effectivement indiquées, surtout dans la région parisienne, où nous habitons. Nous n'allons avoir que l'embarras du choix.

Je me plonge aussitôt dans ce gros bouquin, tout excitée à l'idée d'y trouver les informations qui permettront de changer la vie de Justine, et peut-être même de lui faire aimer l'école. Je me sens prête à l'accompagner sur ce nouveau chemin, même si cela doit être compliqué, même si cela suppose que je fasse quelques concessions avec mon travail. Mais j'ai un peu peur de ne pas m'y retrouver parmi les différentes pédagogies proposées : ce n'est vraiment pas le moment de faire un mauvais choix.

*

À ma grande surprise, je découvre qu'il existe des écoles utilisant des pédagogies alternatives dans le secteur public aussi bien que dans le privé. Entre les deux, une énorme différence : le prix, bien sûr. Écoles publiques gratuites, écoles privées déjà chères lorsqu'elles sont « sous contrat » avec l'État (et respectent donc le programme de l'Éducation nationale), mais dont les tarifs s'envolent lorsqu'elles sont « hors contrat » : je constate que la scolarité peut coûter jusqu'à 6 000 euros par an, y compris dans les petites classes. Et comment être sûr qu'elles dispensent un enseignement de qualité ?

Naïvement, je commence donc par regarder s'il y aurait une école publique qui conviendrait. Le problème est que c'est très vite vu ! Pour Freinet, une méthode d'apprentissage par l'action appliquée dans certaines écoles publiques, il faudra repasser. Même s'il en existe, paraît-il, 500 en France, je n'en vois pas une seule près de chez nous. Pas de chance. Il existe bien une école Decroly (pédagogue belge dont l'axe principal est le développement de la relation entre l'enfant et ceux qui l'entourent) qui va jusqu'au collège, mais elle se situe à l'autre bout de Paris. Et elle recrute ses élèves « par tirage au sort », ce qui donne une idée de ce que doit être la demande. Cela confirme l'impression que j'ai eue en lisant les *chats* de parents sur le web. Beaucoup de candidats et peu d'élus ! Quant aux collèges expérimentaux, dont les professions de foi me paraissent terriblement « baba cool », je n'aurai pas l'occasion d'aller plus loin dans mon enquête : on les compte sur les doigts des mains, et pour y voir de plus près, il faudrait vivre à Saint-Nazaire (Loire-Atlantique), ou encore à Hérouville (Calvados). Et il n'y a pas d'internat.

*

Va donc pour l'école privée, puisque c'est un choix que nous avons la chance de pouvoir faire.

Dans notre département, une école appliquant la méthode Steiner-Waldorf me séduit : elle affirme « accueillir chaque enfant comme une personne unique », considère que « la transmission des savoirs ne suffit pas », promet « l'épanouissement personnel » de l'enfant, propose un cursus complet jusqu'au bac. Un programme qui aurait tendance à me plaire, mais pour y aller, Justine devrait se lever à 6 heures du matin… Est-ce une bonne idée ?

Un autre établissement, assez éloigné mais accessible, se réclame de « l'éducation nouvelle » et ne prétend pas proposer une méthode pédagogique spécifique, mais « un esprit pédagogique » différent de l'Éducation nationale, bien qu'étant sous contrat avec l'État. Mais il y a dans cet établissement, qui va jusqu'à la terminale, près de 800 élèves ! Et moi, je cherche plutôt une petite structure, quelque chose de familial, car je sais qu'un des problèmes de ma fille est la peur des autres – en tout cas de certains camarades. De surcroît, les responsables de cette école connue dans l'Ouest parisien ne s'en cachent pas : « Le nombre de places dans la plupart des classes est réduit. » Il faut poser sa candidature dès le mois de janvier pour l'année suivante. Cela ne peut en aucun cas être une solution immédiate.

Enfin, une bonne surprise. Près de chez nous, indique le guide que j'ai commandé, il existe une école Montessori. Drôlement bien cachée, car je n'en ai jamais entendu parler. Mais je ne m'interroge pas plus longtemps, mon objectif étant de trouver une école « différente » au plus vite. Or, la pédagogie de Maria Montessori, enseignante italienne qui a fait école dans le monde entier, est basée sur la construction de la confiance en soi. Et c'est bien de cela que Justine a besoin. Je découvre, en me documentant, que l'attitude demandée à l'éducateur dans une école Montessori est avant tout de faire confiance à l'enfant pour qu'il développe sa personnalité et ses facultés intellectuelles. De respecter son rythme et sa liberté d'action. De ne pas agir sur lui, mais de l'inciter à agir. En classe, les enfants ont le droit de parler, de poser des questions au maître, de dessiner ou encore de travailler avec leur voisin. Tout cela est au fond tellement logique, si l'on y réfléchit un peu. Et cela conviendrait tellement bien à Justine ! Grâce à de telles méthodes, elle pourrait enfin comprendre qu'elle ne vaut pas moins que ses camarades de classe, elle pourrait se prouver qu'elle est capable de se débrouiller tout aussi bien qu'eux.

Mais une fois de plus, il faut laisser tomber. Car cet établissement sur lequel j'ai commencé à fantasmer ne scolarise les élèves que jusqu'à la 5e. La méthode Montessori et son respect des rythmes individuels ne doit pas faire très bon ménage avec le gavage de connaissances pratiqué dans les deux dernières années du collège – et encore moins avec celui du lycée. En consultant la liste des écoles dans d'autres quartiers, dans d'autres villes de France, je constate que c'est partout la même chose. Après les petites classes, fini de rire, tous à l'Éducation nationale ! Il faut intégrer le moule. C'est peut-être par cette pédagogie que nous aurions dû commencer avec Justine, quand elle était tout petite, mais comment savoir ? Comment deviner que l'école de la République, et même celle de l'école catholique sous contrat avec l'État, allait faire sur elle de tels ravages ?

*

Je tourne en rond et je suis en colère. En France, un jeune sur cinq sort du système scolaire sans le moindre diplôme – et ma fille essaye, avec un certain succès, de les imiter – mais les tentatives d'éducation « différentes » ne sont pas encouragées. À de rares exceptions près, elles restent cantonnées aux petites classes, et visent une cible de familles privilégiées, avec des prix très élevés. Car la plupart de ces écoles sont « hors contrat » : elles ne bénéficient d'aucun accord avec l'Éducation nationale, et n'ont donc pas droit à la moindre subvention.

En écrivant ce chapitre, je suis retournée surfer sur les sites que j'avais consultés quand Justine était en rupture avec l'école. Je constate qu'à Paris, un nombre assez important de nouvelles écoles Montessori a vu le jour, et que l'ouverture de nouveaux établissements semble s'accélérer. La demande, manifestement, ne cesse d'augmenter. Mais pour Justine, la question s'est posée trop tard.

*

À la recherche d'une autre pédagogie

Retour en 2007. Petit à petit, mon rêve d'une autre école est en train de s'évanouir. Que faire ? Sur l'un des forums de discussion, je tombe sur le témoignage suivant : « On peut se poser beaucoup de questions : écoles publiques, écoles parallèles mais chères ou lointaines… le problème est sans solution, et la seule issue reste dans l'école à la maison avec un accompagnement de son enfant. Mais pour cela il faut un long chemin familial. Pour mon cas, je n'y suis pas arrivée, et le pas est extrêmement dur à franchir. »

Je ne connais pas l'auteur de ces lignes, qui signe « Mama », mais j'ai le sentiment de partager de nombreux points communs avec elle. Quelque chose de radicalement différent nous distingue toutefois : pendant que « Mama » s'interroge sur la voie pédagogique à suivre, ses enfants continuent d'aller à l'école. Tandis que moi, je me suis retrouvée avec une fille à la maison sans avoir rien demandé. Autrement dit, ce pas si difficile a déjà été franchi. Par Justine, pas par moi…

Chapitre 10

Si je pouvais réinventer l'école

Justine

Dans mon école idéale, la personnalité de l'élève serait prise en compte et on l'aiderait à combler ses manques avant qu'il ne soit trop tard. Cela faciliterait énormément la vie en cours et la progression de l'apprentissage. Pour ma part, j'ai toujours eu un énorme déficit de confiance. Parler en public me crée des angoisses monstrueuses, j'appréhende longtemps à l'avance quand je dois présenter quelque chose à l'oral et même, parfois, cela me rend malade. Quand vient le moment où je dois venir devant mon auditoire, je suis incapable de maîtriser les tremblements qui prennent possession de mes bras et, souvent, j'ai l'impression de n'avoir aucun contrôle sur ma voix ni sur son volume. Et puis, lorsque l'angoisse est à son comble, soit je deviens rouge tomate et mes joues chauffent de plus en plus, soit je suis livide et sur le point de tomber dans les pommes. Est-ce normal qu'aucun enseignant ne m'ait aidée à dépasser cette difficulté ? Si dès les premières présentations à l'oral de ma scolarité on m'avait appris à maîtriser ces émotions et à parler correctement en face d'un certain nombre de personnes, peut-être à présent serais-je une grande oratrice ! Du moins, je ne paniquerais pas autant dès que je dois m'exprimer en public.

*

Dans mon école idéale, le programme serait enseigné en tenant un peu plus compte du rythme d'apprentissage de chacun et des difficultés que certains éprouvent face à ce qu'on leur demande d'acquérir au cours de l'année scolaire. Paradoxalement, cela pourrait se faire en ajoutant quelques matières aux enseignements classiques. Par exemple, à la fin de chaque journée, il y aurait un cours de méthodologie en rapport avec les matières enseignées, car tout le monde n'a pas la science infuse pour trouver la bonne manière d'apprendre et de s'exercer. Durant ce cours, chaque élève aurait la possibilité d'être aidé pour trouver la méthode la plus efficace pour lui. En français, pourquoi n'aurait-on pas, pendant une partie du cours, ou certains jours, un temps où le professeur ferait venir des élèves un par un au tableau et leur apprendrait l'art de discourir devant un auditoire ? Si ces deux matières avaient existé à l'époque où j'étais à l'école, peut-être n'aurais-je pas développé de phobie scolaire ? Cela m'aurait sûrement permis de me sentir plus à l'aise.

Les cours, dans mon école idéale, seraient beaucoup moins chargés, tant j'ai parfois eu l'impression d'ingurgiter des quantités de dates, de personnages ou de règles de grammaire qui n'avaient pas vraiment de sens pour moi. Après, les professeurs se plaignent que nous n'apprenons pas suffisamment ! Ne serait-il pas plus judicieux de dispenser des cours plus synthétiques, qui résumeraient l'essentiel de ce qu'il faut retenir du chapitre ? Chacun tiendrait sur une à deux pages recto verso et, pour les détails, le professeur inviterait les élèves à lire des ouvrages sur le sujet, disponibles à la bibliothèque de l'école. Selon moi, on apprendrait mieux avec des cours synthétiques et en nous invitant à approfondir de notre propre initiative. Personnellement, j'apprends mieux en allant chercher le savoir que l'inverse. Et puis le soir, au moment d'apprendre son cours, il est motivant d'avoir en face des yeux un chapitre suffisamment court puisqu'il donne l'impression de pouvoir être maîtrisé. Ce serait aussi plus pratique pour finir le programme de l'année dans les délais, donner plus de temps pour appliquer au maximum les cours et vérifier que les connaissances sont bien assimilées. Pourquoi cette idée ? Parce que j'ai toujours connu des professeurs en retard sur leur programme. Du coup, ils allaient trop vite et nous n'y comprenions plus grand-chose !

*

Les professeurs enseignant dans mon école idéale apprendraient aux élèves à aimer ce qu'ils transmettent en faisant découvrir leur matière avec le même enthousiasme que celui qui les a poussés à la choisir plutôt qu'une autre. J'ai un souvenir particulièrement désagréable de ma prof d'histoire de 5e qui m'a fait détester sa discipline alors qu'avant, elle me passionnait. Elle nous l'inculquait comme des formules de maths. Par exemple, chaque semaine, elle nous donnait des listes de mots et de dates à apprendre par cœur et, le cours suivant, nous interrogeait dessus. Cette façon d'appréhender l'histoire n'était pas la mienne. Selon moi, celle-ci doit être enseignée de manière un peu théâtrale, comme un récit, de façon vivante et dynamique plutôt que froide et purement théorique.

Dans l'idéal, il faudrait que les classes soient constituées de seulement 20 élèves, tant il me semble que travailler en petit nombre est plus efficace, et que les plus timides oseraient alors se manifester. Et puis je pense qu'il serait bon de revenir à des écoles séparées, avec d'un côté celles des filles et de l'autre celles des garçons. Pourquoi ? Parce que durant l'enfance, et surtout l'adolescence, les filles ne sont pas forcément très à l'aise face aux garçons de leur âge.

Dans mon établissement idéal, il faudrait organiser des temps pour réunir tous les élèves, une sorte de conseil où les problèmes de la vie scolaire seraient évoqués et où on tenterait de les résoudre, en convoquant plusieurs réunions de suite s'il le faut. Ce conseil se tiendrait chaque vendredi à la fin des cours, et tout au long de la semaine jusqu'au jeudi, les élèves inscriraient sur une feuille les problèmes qu'ils rencontrent et dont ils voudraient débattre lors du conseil suivant. Ils pourraient la déposer dans une urne située dans le hall d'entrée. Ces conseils seraient animés par les professeurs principaux et le directeur de l'établissement et si des problèmes ne concernent qu'un petit groupe d'élèves, un professeur en discuterait avec eux dans une salle différente.

La quantité de travail à la maison devrait être moins dense, car même s'il est normal d'avoir à fournir un travail assez conséquent, tous les élèves n'avancent pas au même rythme, certains expédiant en quelques heures leurs devoirs avec maîtrise, quand d'autres peinent et y passent toute leur soirée, voire le début de la nuit. Pendant la semaine, les élèves n'auraient que leurs cours à apprendre à la maison et les gros travaux et projets exigeant un investissement plus important seraient réservés au week-end. Les autres exercices nécessitant moins de travail seraient faits sous forme de contrôles rapides au début du cours, histoire de voir si celui-ci est bien su.

*

L'école de mes rêves ne serait donc pas comme celles que j'ai connues, et notamment sur la notation. Les contrôles ne se verraient pas tous notés, mais feraient l'objet de simples appréciations aidant à valoriser l'évolution. Car, la plupart du temps, la note et l'appréciation ne coïncident pas. Par exemple, on peut très bien obtenir un 8/20 et avoir une appréciation encourageante, tout dépend de la façon dont note le professeur. Or, je trouve assez injuste que, d'un enseignant à l'autre, une même note ne signifie pas la même chose. Certes, la note est là pour établir une moyenne générale à la fin de l'année, mais, sinon, je n'en vois pas trop l'utilité. À part si l'on veut classer les élèves et créer une compétition inutile et malsaine. Quand un élève ramasse des sales notes tout au long de l'année et rencontre des difficultés pour les faire monter, ce genre de méthode le démotive. Alors qu'une appréciation seule pourrait pointer les fautes tout en mettant en valeur les progrès, lorsqu'ils existent évidemment. Un « Persévérez et ne vous découragez pas ! » pousserait l'élève à fournir plus d'effort dans son travail. La notation est, pour moi, le principal défaut de l'enseignement... Mais, hélas, il y en a plein d'autres.

*

À certains moments, je me suis demandé si j'étais vraiment faite pour les cours. Je tentais tant bien que mal de surnager dans le flot des années qui se succédaient, mais la mentalité des élèves de mon âge, auxquels je ne m'identifiais pas, et la façon de concevoir l'éducation à l'école, qui ne me plaisait pas, me minaient. Au fond, je me sentais plus à l'aise entourée d'adultes, et ce dès l'école primaire. J'ose d'ailleurs plus volontiers montrer ce que je sais et ce que je sais faire face à des gens plus âgés que moi. Dans l'enceinte d'un établissement, les personnes de mon âge me mettent mal à l'aise, alors que je ne rencontre aucun problème de ce genre en dehors des études. À quoi tient cette particularité ? Peut-être au fait que, petite dernière de la famille, j'ai grandi entourée de grandes personnes, ce qui me rend plus à l'aise avec elles. Parfois je me demande aussi si je n'ai pas été un peu trop protégée, au point d'avoir peur d'aller vers ceux de mon âge.

*

Toujours est-il que je me suis petit à petit forgé la certitude que je préfère apprendre en autodidacte, convaincue que je retiens mieux quand je vais de mon propre chef chercher le savoir. Ce qui m'insupporte le plus dans la conception de l'éducation à l'école, c'est bien le fait d'être évaluée en permanence. Dans cette compétition assez malsaine, les professeurs ne donnent pas aux élèves les outils nécessaires. Je déteste aussi qu'ils nous disent comment apprendre, alors que c'est à chacun de trouver la méthode qui lui convient le mieux, tant nous ne sommes pas tous formatés identiquement.

Avant l'arrivée du jour fatidique où j'ai refusé d'aller en classe, c'est vrai que j'aurais pu en parler à mes parents, les avertir au fur et à mesure des événements, de mes craintes. Mais je n'osais pas. J'imaginais pouvoir gérer ça seule, trouver les solutions seule, encaisser et survivre seule aux épreuves. Et puis je redoutais que mes parents ne comprennent pas, ou aggravent ma situation en intervenant. C'était sûrement une idée bête, mais ce qui est fait est fait.

Au regard de ce que j'ai enduré avant de dire stop, dans mon école idéale, je privilégierais donc avant tout le dialogue. Pour cela, il faudrait qu'un ou une psychologue puissent être là tous les jours pour recevoir les élèves éprouvant un besoin urgent de parler quand ils ne vont pas bien. Peut-être existe-t-il d'autres moyens de mettre en avant le dialogue que je ne connais pas, mais la présence d'un expert de ce type dans chaque établissement représenterait un bon début. Si cela avait été le cas dans les établissements où j'ai été scolarisée, je serais allée le ou la voir assez souvent et il ou elle m'aurait sans doute aidée à résoudre une partie de mes problèmes. Et qui sait, grâce à lui, ou elle, je n'aurais peut-être pas tout plaqué en début de 3e.

Chapitre 11

L'école à la maison

Anne-Marie

Mon rêve de voir Justine reprendre son année scolaire et la terminer dans une école « différente » s'est donc évanoui. Mais peut-être cela sera-t-il possible l'année prochaine – celle de son entrée au lycée, en principe – et par conséquent, je compte bien poursuivre mes recherches. En si peu de temps, peut-être n'ai-je pas fait le tour complet des possibilités, et d'ici là j'espère que ma fille ira mieux. Mais en attendant, que faire ? Le collège où elle est censée suivre sa classe de 3e s'est pour l'instant montré plutôt compréhensif. Officiellement, elle y est toujours inscrite, et l'on ne peut pas dire que ses responsables se désintéressent de ce qu'elle devient, bien au contraire. Son professeur principal, Mme V., qui est aussi son professeur d'anglais, est même venue à la maison lui rendre visite, une marque d'attention assez inhabituelle, et que j'apprécie. J'imagine qu'elle veut se rendre compte par elle-même de l'état dans lequel se trouve cette élève qui, en décrochant, a non seulement mis en échec sa scolarité, mais aussi la pédagogie et les méthodes de ses enseignants. Le cas de l'élève Justine l'interpelle forcément, même si elle prend bien garde de ne pas exprimer ses sentiments.

*

Mme V. s'est installée dans le salon, et pose de nombreuses questions à Justine, manifestement mal à l'aise malgré le ton amical de l'enseignante. Peut-être éprouve-t-elle une certaine culpabilité d'avoir arrêté d'aller en classe ? Ou bien l'intrusion à domicile de son professeur fait-elle simplement ressurgir en elle ce vieux réflexe de crainte de l'élève face à l'autorité de l'institution ? Depuis la maternelle, Justine a toujours été du côté des élèves sages, de ceux auxquels les professeurs ont rarement à reprocher une bêtise ou un bavardage. Elle est mignonne, obéissante, appliquée, ne discutant jamais ce qu'on lui demande de faire. J'avoue en avoir longtemps été bêtement satisfaite, car je ne me rendais pas compte que son apparence de petite fille bien comme il faut pouvait cacher une inhibition, un manque d'intérêt pour ce qu'on essayait de lui apprendre, ou une appréhension devant le regard des autres.

L'enseignante se montre encourageante, elle cherche à tirer des leçons positives de la situation. Elle se dit impressionnée de constater que Justine, grâce au système d'aller-retour de cahiers mis au point avec ses camarades, continue d'étudier son programme et de faire les devoirs demandés. En réalité, c'est moi qui l'oblige à persévérer, au nom de ce principe que je me suis inventé, que j'ai bricolé à la va-vite face à des circonstances inattendues : si l'on se sent mal à l'école, on peut à la rigueur ne pas y aller pendant quelque temps, mais on n'a pas le droit de ne pas continuer à étudier ! Cependant, je me garde de révéler ce léger point de détail à Mme V. Bien décidée à reprendre la situation en main, peut-être afin de ne pas avoir à affronter l'idée d'une faillite éventuelle de l'institution dont elle fait partie, cette dernière avance plusieurs idées pour aider Justine à retrouver le chemin de l'école.

*

Première proposition : faire participer Justine à certaines activités de sa classe afin que sa rupture de ban ne soit pas totale. Dans quelques jours, par exemple, une sortie collective est prévue à la Défense, au forum « Giga la vie » – un nom qui ne s'invente pas ! – organisé par une association du département qui mène des actions de prévention contre la délinquance et les comportements à risques. Justine pourrait se joindre à ses camarades.

Je sens immédiatement que ma fille n'a pas l'air spécialement enthousiasmée par cette perspective – et je trouve moi-même que la proposition n'est pas très folichonne – mais j'écoute tout de même jusqu'au bout ce que Mme V. a à nous dire.

Pour renouer le fil de la vie sociale, l'enseignante suggère également, puisque Justine est scolarisée dans une école catholique, qu'elle revienne au moins pour la catéchèse, une fois par semaine : « Comme tous les enfants n'y participent pas, elle ne sera pas obligée de croiser les autres élèves de sa classe, explique l'enseignante. Ce sera une première étape qui lui permettra de dédramatiser son futur retour à l'école. »

En me communiquant le numéro de téléphone de la dame catéchiste, Mme V. me demande en aparté d'insister un peu pour que Justine accepte. Et puis, en fin d'année, ajoute-t-elle, il y aura aussi le concert de Noël, un moment festif auquel Justine sera évidemment la bienvenue.

*

La deuxième proposition de Mme V. m'ouvre des perspectives que je ne soupçonnais pas. Il s'agit de mettre en place un « projet d'accueil individualisé » (PAI) pour ma fille.

De quoi s'agit-il ? D'un aménagement d'horaires destiné à des élèves nécessitant des soins à l'extérieur pendant certaines heures de classe. Pour cela, il faut monter un dossier avec le médecin qui suit l'enfant – en l'occurrence, le docteur G.B., ce psychiatre responsable de la Maison des adolescents où Justine se rend en ce moment une à deux fois par semaine. Ce dernier doit prendre contact avec le collège, et indiquer quel pourcentage de cours il souhaite voir enlevés de l'emploi du temps de Justine pour pouvoir poursuivre sa thérapie. Le projet ainsi mis en place par l'équipe soignante et l'équipe éducative doit ensuite faire l'objet d'un accord de la part de l'inspection d'académie.

Seul inconvénient, avertit Mme V : « le contrôle continu ». Au moment même où la découverte de cette perspective, plutôt réconfortante, était sur le point de me réconcilier avec l'école, je réalise qu'un nouvel obstacle se dresse devant nous – ou plutôt, toujours le même : le programme ! Car l'enseignante signifie ainsi qu'il sera très dur de valider l'année de 3e de Justine si un « PAI » est mis en place !

« Sinon, lance-t-elle un peu comme une solution de la dernière chance, vous pouvez essayer le CNED, le Centre national d'enseignement à distance. » L'école par correspondance, en quelque sorte. Cette idée ne capte pas tout de suite mon attention, tant la perspective d'un retour à l'école avec des horaires aménagés – et allégés – me paraît pour l'instant la plus conforme à la logique. Car dans l'attitude de Justine, ce n'est pas seulement son échec scolaire qui m'inquiète, c'est aussi sa désocialisation.

*

La dernière proposition de l'enseignante, qui a profité de sa visite pour nous apporter la brochure de l'Onisep sur l'orientation après la classe de 3e, concerne l'avenir de Justine. Au-delà de l'année en cours, et malgré son incident de parcours, il va falloir penser au lycée.

Or, explique Mme V., il existe près de chez nous un petit lycée professionnel privé spécialisé dans les professions tertiaires, qui fait partie du même réseau que le collège dans lequel Justine est inscrite. Nous ferions bien de prendre contact avec sa directrice dès le mois de janvier. « Justine y sera très bien », assure Mme V., qui précise qu'il vaut mieux privilégier un endroit où elle se sentira à l'aise, plutôt que le contenu de la formation. Je n'ai rien contre l'enseignement professionnel, mais je trouve tout de même essentiel que le métier auquel il prépare intéresse ma fille et qu'elle puisse s'y projeter. En l'occurrence, de quelles filières s'agit-il ? « Secrétariat, métiers de la vente et comptabilité », répond notre interlocutrice.

Au fond, pourquoi pas ? Nous ne risquons rien à aller jeter un coup d'œil à cette école après les fêtes de fin d'année. Mais dans l'immédiat, la question demeure : et maintenant, on fait quoi ?

*

Mme V. est repartie, après m'avoir priée de donner sans tarder un coup de téléphone au CPE des classes de 3e. Ce jeune homme, à qui j'ai souvent eu affaire depuis le début de l'année, est plutôt sympathique mais il semble terrorisé à l'idée que la sacro-sainte discipline à laquelle il est censé veiller subisse une quelconque anicroche. Il se donne des airs quasi martiaux pour faire régner l'ordre dans l'établissement – et nul n'ignore que c'est en effet très difficile au collège – mais on le sent intérieurement agité. Je décèle en lui un stress qui l'empêche d'appréhender les situations comme il le devrait, avec recul et sérénité. Son catéchisme à lui, c'est le règlement intérieur.

Comme promis, je l'appelle. Il s'inquiète beaucoup pour Justine, me dit-il. En fait, je comprends rapidement que ce n'est pas vraiment d'elle qu'il se soucie – il me demande à peine de ses nouvelles ! – mais de son statut par rapport à l'école. Va-t-elle rester ? Va-t-elle quitter le collège ? Le premier trimestre de l'année scolaire se termine dans quelques semaines à peine. « Il va falloir bientôt prendre une décision », m'avertit-il, alors que nous venons tout juste d'évoquer avec Mme V. l'idée de monter un dossier de PAI.

Je réalise tout d'un coup que la visite de cette dernière n'était pas seulement une marque d'intérêt pour Justine, voire de compassion, comme je l'avais pensé initialement, mais qu'elle avait aussi un but utilitaire, très terre à terre : nous pousser à sortir du provisoire. Elle voulait nous amener à choisir entre rester dans le système – la solution qu'elle privilégie naturellement – ou en sortir, et tenter une aventure risquée. Au bout du fil, le CPE me rappelle d'ailleurs que le trésorier de l'école s'interroge à juste titre. Doit-il nous envoyer la facture du deuxième trimestre ?

*

Le vendredi qui suit la visite de Mme V., les lycées et les collèges ont reçu pour instruction de lire aux élèves la lettre écrite par Guy Môquet à sa mère avant d'être fusillé à 17 ans et demi, comme l'a décidé le président de la République, Nicolas Sarkozy. Une décision qui provoque une belle polémique parmi les enseignants, qui considèrent qu'ils reçoivent leurs instructions de leur hiérarchie, et non directement de l'Élysée. Chez nous, cependant, pas de polémique : nous la lirons à la maison, car il n'y a aucune raison que Justine ne soit pas traitée comme ses camarades ! Et puis, ce texte émouvant est l'occasion d'ouvrir les yeux de ma fille sur les engagements qu'ont pu prendre des adolescents comme elle pendant la dernière guerre… et pour nous, de relativiser la peine que nous avons de la voir refuser l'école. Mais tout en continuant de jouer le jeu, de faire comme si Justine allait revenir en classe du jour au lendemain – une possibilité que je veux à tout prix garder ouverte le plus longtemps possible – nous comprenons qu'il est urgent d'accélérer notre réflexion et de regarder de près les pistes suggérées par Mme V.

*

Justine n'a pas la moindre envie de participer à la prochaine sortie de sa classe – je la comprends – et la catéchèse ne lui semble pas le meilleur moyen de se resocialiser. Sur ce sujet-là non plus, je ne peux pas lui jeter la pierre. Pour la forme, et puisque je l'ai promis à Mme V., j'essaye bien d'insister un peu, mais la ficelle est trop grosse. Finalement, je n'appellerai même pas la dame catéchiste, cette mission me paraissant totalement vouée à l'échec. J'essaye plutôt de me focaliser sur le fameux « PAI » en commençant par demander au docteur G.B. ce qu'il en pense.

Il connaît bien cette procédure, qu'il a déjà pratiquée pour d'autres jeunes patients, et se dit prêt à préparer tous les papiers nécessaires, à condition bien sûr que Justine adhère au projet. Mais il me fait comprendre que sa priorité à lui n'est pas celle-là. Ce qui est important, à ses yeux, c'est d'abord de faire en sorte que Justine aille mieux, et si c'est hors de l'école, tant pis. Peu à peu, je prends conscience d'une vérité terriblement inconfortable : le temps du « psy » n'a rien à voir avec celui de l'école. Le premier travaille dans la durée, et ne voit pas pourquoi cela pourrait être un obstacle. La seconde a son rythme, qui ne supporte guère de dérogations : tout le monde à la même enseigne. La mère que je suis cherche naturellement à réconcilier ces deux exigences. À ceci près qu'elles sont totalement contradictoires. Peu à peu, je m'aperçois que non seulement ma fille ne va pas bien, mais que je commence moi-même à me sentir un peu mal...

*

Comme d'habitude, je me suis emballée un peu tôt pour une piste qui va me donner du fil à retordre. Si le PAI est certainement une excellente manière de garder à l'école des enfants qui, sans lui, finiraient par être déscolarisés, mettre un tel projet en place relève du parcours du combattant. Même lorsqu'il se montre intelligent, le mammouth reste le mammouth. Et la bête vorace se nourrit de papiers imprimés, d'autorisations, de signatures, de coups de tampon et d'allers-retours de dossiers par voie postale propres à décourager les personnes les plus motivées. Mais pas moi, car je suis bien décidée à arracher ce PAI, quoi qu'il en coûte, s'il peut permettre à Justine de ne pas rompre complètement avec l'école.

Le docteur G.B., qui a tout compris du stress que suscite en moi la situation scolaire de ma fille, a d'ailleurs préparé tous les papiers nécessaires, et je n'ai plus qu'à les apporter au collège, et à obtenir l'aval de l'inspection académique : même si c'est aux forceps, ce projet est en train de prendre une bonne tournure. J'ai juste oublié un « détail » qui a son importance : Justine ne veut pas en entendre parler... Pas question pour elle de remettre les pieds au collège, un point, c'est tout !

J'aurais dû m'en douter. J'aurais dû comprendre ce que le docteur G.B. cherchait à me dire, mais je me suis accrochée envers et contre tout. Dire que je déprime est encore en dessous de la vérité. Tout ça pour ça...

*

Il ne nous reste donc plus qu'à tourner définitivement la page, puisque l'administration nous y invite avec insistance. Le CPE a été prévenu que Justine ne reviendra pas dans l'établissement et a ainsi pu en informer le trésorier si scrupuleux : comme dans une pièce de théâtre classique, après les événements déclenchés par ce que les manuels de français d'aujourd'hui appellent l'élément perturbateur, c'est le retour à l'ordre immuable.

Dernière formalité : le directeur, M. S., nous reçoit dans son bureau pour officialiser la chose. Jean-Paul est réquisitionné pour l'occasion. Il arbore la même mine grave que lorsqu'il doit assister à un enterrement. Pour ma part, comme Justine, je n'ai pas remis les pieds au collège depuis plusieurs semaines, qui me paraissent une éternité. En montant les marches qui mènent à l'étage de la direction, je repense au nombre de fois où je les ai gravies : le jour de son inscription, pour des réunions d'information, des tête-à-tête avec tel ou tel de ses professeurs… Tous ces menus événements d'une vie de parent d'élève ne ponctueront plus notre existence.

Nous voici installés dans deux fauteuils, face au bureau directorial. Aucun de nous trois n'en mène très large. « Alors, comme ça, ça y est ? » demande le directeur d'un air un peu malheureux. « Oui, Justine ne veut pas retourner au collège. » « C'est une bien triste année pour elle. » Il soupire. Nous soupirons aussi. Nous ne savons pas trop quoi nous dire, bien que j'attende toujours un mot d'encouragement, ou une idée pour l'aider à s'en sortir. Impossible de savoir ce que pense vraiment M. S. Que Justine est une brebis égarée ? Que nous n'avons pas su la sauver à temps ? Que le collège, peut-être, a lui aussi failli ? Nous n'en saurons jamais rien. Une dernière poignée de main, et la messe est dite. C'est bientôt Noël, et j'ai les larmes aux yeux.

Chapitre 12

Maman a tellement de peine
Justine

En cessant d'aller en classe, je n'imaginais pas que je devrais quand même continuer à étudier le programme de 3e ! Certes, si un jour j'ai arrêté de franchir la porte du collège, c'est parce que je m'y sentais très mal. Mais ce mal-être n'avait pas pour unique origine la crainte d'affronter les autres élèves. Je ressentais aussi une indigestion de leçons et devoirs, ne m'en sortais plus de la quantité de choses à apprendre, le plus souvent par cœur. Et le temps que demandaient ces efforts me rebutait. Quand il s'agissait de français ou d'histoire, ça passait encore, car j'aimais ces deux matières. Mais pour les maths, catastrophe, j'avais l'impression d'entrer dans une roue sans fin, et j'éprouvais une complète aversion pour la matière. Évidemment, j'étais en plus démotivée par les notes que j'obtenais. Se mettait en place une sorte d'engrenage : le découragement dû au trop-plein de devoirs accentuait ma démotivation, mes notes n'arrêtaient pas de baisser et cela me décourageait plus encore.

C'est pour ça que j'ai vécu mes premières journées à la maison comme une libération. Enfin seule, je décide moi-même de mes occupations ! Très vite, pourtant, je réalise que je dois m'y remettre, car je vois que ma mère se fait beaucoup de souci, ce qui me peine, d'autant que je n'ai pas osé évoquer avec elle mon mal-être lorsque j'étais au collège, sachant combien elle porte haut les vertus de l'institution scolaire. Aussi, je gardais tout pour moi, les relations difficiles avec les autres, le manque de motivation, l'impression d'être incapable d'y arriver… On peut dire que j'ai préféré stopper l'école que d'essayer de mettre des mots sur mes difficultés. Plutôt que de chercher à expliquer cela, en parlant, j'ai fini par imaginer que la démonstration serait plus efficace si je passais à l'acte. Je n'en pouvais plus, et voulais en même temps qu'elle réalise une fois pour toutes que le collège me rendait réellement malheureuse et qu'à mes yeux, mon avenir résidait ailleurs.

*

Chaque soir, maman rapporte les cours et les devoirs photocopiés qu'elle va chercher chez deux de mes camarades de classe, Nicolas ou Julie, deux amis assez proches qui ne se sont jamais moqués de moi, et m'ont déjà aidée en classe. Récupérer au quotidien tous ces documents est une sacrée aventure pour elle, avec cavalcade entre son travail et la maison de mes camarades. J'admire sa capacité à tout gérer en même temps, et me sens coupable de lui ajouter du travail.

C'est pourquoi je ne me suis pas senti le droit de protester lorsqu'elle m'a demandé de continuer à travailler tout en restant à la maison. Le compromis me convenait, parce qu'il ne m'engageait absolument pas à reprendre l'école dans un avenir proche.

Quand je travaille sur les photocopies, j'éprouve un peu de nostalgie car certains de mes camarades me manquent vraiment. Évidemment, que deux d'entre eux prennent la peine chaque jour de prendre les cours et devoirs pour moi me touche. Cette marque d'attention me va droit au cœur, car je sais que cela leur donne du travail en plus. Puis, peu après, je repense à tous les autres élèves, et à l'état dans lequel j'étais dans ce collège. Alors la nostalgie s'en va très vite. Ce qui me manque réellement, c'est de ne pas voir ceux qui sont de vrais amis plus souvent, en dehors des heures de cours. À force de rester seule à la maison, je risque de perdre toute vie sociale, mais ne m'en rends pas encore compte. Ce n'est qu'au bout de plusieurs mois que je commencerai à ressentir cette préoccupation.

*

Un jour, nous avons la visite de ma prof principale, Mme V. Quel événement extraordinaire de voir débarquer dans notre salon quelqu'un représentant l'institution que je fuyais, même si, à titre personnel, j'appréciais ma professeure d'anglais. En la découvrant ici, j'ai vraiment compris avoir fait un acte peu commun, auquel mon collège n'était pas préparé.

Jusqu'alors, je n'avais pas pensé que mon geste avait pu poser un problème à l'établissement lui-même.

Face à elle, je me sens d'abord gênée, intimidée. Mais, en même temps, je lui suis reconnaissante de venir prendre de mes nouvelles. Elle pose plein de questions sur la façon dont j'occupe mes journées et sur les raisons de mon départ. Exprime le désir que je revienne en cours afin de ne pas être complètement perdue par rapport au programme ni entièrement désocialisée. Elle propose aussi de venir de temps en temps au catéchisme et d'assister au concert de Noël de l'école. Mais je refuse tout en bloc, tant il est impossible de revoir les visages de ceux m'ayant fait détester l'école.

Avec ma mère, Mme V. a évoqué un aménagement d'horaires qui permettrait de retourner au collège, sans obligation d'assister à tous les cours. Je n'ai pas souhaité intervenir parce que je ne voulais pas argumenter avec elles, et je les ai laissées échafauder leurs plans, mais là encore l'idée me déplaisait furieusement. Je savais déjà que je ne pourrais jamais accepter une telle solution.

*

Parce que je vois combien tout le monde se met en quatre pour moi, je fais un effort pour travailler un peu. À la maison, j'essaye tant bien que mal d'apprendre les leçons et de faire les devoirs que l'on m'apporte, mais c'est difficile. Étant mal dans ma tête, je ne sais pas très bien où puiser la force d'entreprendre quelque chose. Parfois, je parviens à surmonter cette léthargie. Quand j'arrive à me mettre au travail, je tâche de faire ce que je peux réussir seule avant l'arrivée de maman ou de Bahman, qui, à eux deux, remplacent mes professeurs pour m'expliquer ce que je n'ai pas compris et vérifier si j'ai appris mes leçons.

Quand Bahman vient, il nous arrive de parler du collège, soit en début de cours, soit pendant la pause, puisqu'il tient à ce qu'il y ait des pauses comme il existe des récréations à l'école. Il pense que, sinon, je ne pourrais pas garder assez de concentration. Je n'ai pas le souvenir qu'il m'encourage à reprendre le chemin du collège, ou qu'il compatisse vraiment à mes difficultés. Je pense qu'il souhaite plutôt conserver une attitude neutre. Peut-être parce que la situation est déjà assez difficile et qu'il refuse de s'en mêler. Je crois pourtant qu'il essaye de comprendre ce qui se trame chez moi et tente de m'aider à y voir plus clair. Il me donne quelques conseils, m'indique des pistes à suivre pour mieux organiser mon agenda et assurer le plus de devoirs en un temps limité. Au début, réfractaire, je ne me soucie pas de ce qu'il peut me dire. Puis au fil des jours, comme je me sens mieux dans ma tête, moins déprimée, plus ouverte au monde, je l'écoute. Bahman a été l'un des acteurs de cette histoire tourmentée, et l'un de ceux qui m'ont permis de reprendre peu à peu confiance.

*

Durant ces deux ans à la maison, l'une de mes grandes difficultés a été de retenir les leçons. Première raison : j'avais du mal à me concentrer sur le travail, ce qui n'était pas très étonnant puisque déjà, au collège, je rencontrais le même problème. À la maison, j'avais en plus la tentation d'allumer la télé ou l'ordinateur pour aller sur Facebook, surfer sur des sites de groupes de rock, ou visionner des vidéos sur YouTube, en quête de talk-shows de la télévision américaine ou d'interviews de mes stars préférées, Emma Watson et Kristen Stewart, les actrices de *Harry Potter* et de *Twilight*. J'avais enfin un bon prétexte : pratiquer l'anglais ! Aujourd'hui, j'ai conscience que ce manque de concentration relevait aussi de la dépression, qui exacerbait l'envie de lâcher prise et de ne faire aucun effort. En me levant le matin, je n'avais en effet envie de rien de particulier. Et avant même de commencer à travailler, je me sentais fatiguée.

Avec le recul, je pense que maman a eu raison de me forcer à faire des efforts puisque, grâce à eux, j'ai décroché mon bac ! Mais si l'histoire s'était déroulée autrement, si par exemple elle avait accepté qu'après l'obtention du brevet, je puisse apprendre directement un métier, aurais-je été plus heureuse ? Je ne sais. Il est vrai que je n'avais pas de vocation déterminée. Pour être honnête, j'ignore ce que j'aurais voulu apprendre comme métier en sortant de la 3e. À 15 ans, je n'avais pas la moindre idée de ce que je souhaitais faire de ma vie, ce qui inquiétait aussi maman. Seule certitude, je savais ce que je ne voulais pas faire : aller à l'école.

Chapitre 13

Fini la solitude

Anne-Marie

Peu à peu, les langues se délient. Comme je ne parviens plus à garder mon fardeau pour moi, je me confie à une collègue et amie, puis à une autre. La première, Sophie, est elle-même en proie à de profondes difficultés avec son fils. La seconde me parle de ses meilleurs amis, confrontés aux mêmes déboires : ils ont eu beau tout essayer – internat, école professionnelle… –, leur fils a arrêté d'aller à l'école. De fil en aiguille, je découvre combien d'histoires insoupçonnables ressemblent à la nôtre. L'évocation des mésaventures de Justine trouve un écho que je n'aurais jamais imaginé. Moi qui avais si peur de m'épancher – un peu honteuse d'avoir failli dans ma mission éducative –, voilà que je m'enhardis. Quand on me demande des nouvelles de ma famille, il m'arrive de lâcher une petite phrase sur les mésaventures scolaires de Justine, pour voir ce que ça donne. Si mon propos n'obtient aucun écho, je glisse et passe à autre chose. Mais de temps à autre, mon interlocuteur saisit la balle au bond pour me parler de ses propres soucis ou de ceux de ses proches. La discussion devient vite passionnée.

*

Suis-je en train de faire une fixation sur les problèmes de ma fille ? Oui, sans aucun doute. Comment en serait-il autrement ? Ils ont littéralement envahi ma vie ! Si je m'intéresse tant aux expériences vécues par d'autres, c'est avant tout parce que je cherche du réconfort, des idées, des pistes pour sortir de la nasse. Les interlocuteurs que j'avais en face de moi, hier encore, à l'école, se sont volatilisés du jour au lendemain : Justine n'est plus dans leur radar, ni dans leurs statistiques – peut-être même cela les arrange-t-il. Ils n'ont donc plus rien à me proposer. À moi de me débrouiller seule. Or, je découvre sans avoir besoin d'aller très loin que nous sommes nombreux à nous débattre avec des enfants cassés par l'école, alors qu'elle devrait les faire progresser et les épanouir ! Mais pour libérer la parole, verrouillée par des conventions sociales dans lesquelles seule la réussite scolaire trouve sa place, c'est un peu comme quand deux francs-maçons se rencontrent : il faut commencer par échanger des signes de reconnaissance. Après, on est en terrain de connaissance et tout devient plus facile !

Si je me mets à rechercher ces témoignages, c'est aussi parce que je commence à soupçonner qu'ils illustrent une face méconnue de l'échec de l'Éducation nationale, peut-être même une face que l'on préfère cacher. Ne cherche-t-on pas à masquer derrière des fragilités psychologiques individuelles – et très souvent réelles – une incapacité de l'institution à donner confiance aux élèves, à encourager leurs progrès, et finalement leur réussite ? Parmi les différents cas dont on me parle, il n'est question ni d'enfants paresseux ou trop gâtés – ces « fils à papa » pour lesquels ont été inventées les « boîtes à bac » –, ni d'élèves scolarisés dans des établissements difficiles, ou ayant une mauvaise réputation. Ces adolescents n'ont ni handicap, ni passé familial lourd qui pourrait justifier qu'ils se sentent aussi mal dans leur peau. Et si certains d'entre eux sont des élèves qualifiés de « faibles » par leurs enseignants, tous ne sont pas des mauvais élèves, loin de là. Sans exception, ce sont des enfants normalement intelligents, qui ont envie de réussir, et dont les parents ne sont pas démissionnaires. Un véritable mystère.

*

Depuis des années, Sophie soutient son fils à bout de bras. Lucas a toujours eu du mal à se situer au sein d'une famille où tout le monde réussit, sauf lui. Au lieu de l'encourager, de mettre l'accent sur son potentiel, le système scolaire va le broyer un peu plus, le persuader qu'il ne vaut pas grand-chose. Il a tenu le coup à l'école, au collège, mais au lycée, le voilà qui cale. Pendant des semaines, il refuse de se lever le matin, passe les journées sous sa couette ou devant l'ordinateur. Il se réfugie dans les jeux vidéo, et développe une véritable addiction. Bien sûr, son établissement finit par ne plus vouloir de lui.

Au moment où je lui confie les problèmes de ma fille, Sophie vient de l'inscrire dans un pensionnat à la campagne. Lucas était d'accord. C'est un garçon intelligent, qui n'ignore pas qu'on doit s'instruire et se former pour construire son avenir. Loin des tentations, il avait donc admis que, dans un internat, il serait au calme et se concentrerait mieux sur ses études. Bref, il était persuadé que sa vie changerait.

La rentrée scolaire ne se passe pas trop mal. Il faut dire que Sophie et son mari ont cassé leur tirelire pour l'inscrire dans un établissement réputé, et suffisamment proche de la capitale afin qu'il revienne passer tous ses week-ends en famille. Pour eux, l'éducation passe avant tout. Mais en novembre, ce projet tombe en lambeaux. Tandis qu'elle est à son travail, Sophie reçoit quotidiennement des appels désespérés de Lucas. Il a du mal à supporter l'éloignement, il ne s'est pas fait d'amis, il se sent seul, il déprime… Et les enseignants, pourtant dûment briefés par les parents sur la fragilité de leur fils, ne se montrent pas très psychologues. Après les vacances de la Toussaint, ils font au garçon des reproches qu'il juge injustes. Pour lui, c'en est trop : un jour, il file à l'anglaise, monte dans un train, et rentre à Paris.

C'en est fini de l'internat. Sophie fait des pieds et des mains pour l'inscrire en cours d'année dans un institut privé parisien. Le directeur est très compréhensif, il fait tout pour que Lucas, peu à peu, reprenne pied et se remette au travail. Tout le monde est soulagé. Jusqu'au moment où Sophie se rend compte que, dans sa nouvelle école, Lucas s'est lié à un groupe d'autres adolescents qui l'entraînent vers la consommation de cannabis. Il ne manquait plus que ça… Cette amie, habituellement souriante et disponible, pleure parfois au bureau quand elle pense qu'on ne l'observe pas. Trop de stress et d'incertitudes. Mais avec son fils, elle suit son fil rouge, reste ferme, sans jamais s'énerver, et ne lâche jamais le morceau. Une vraie louve.

Le temps a passé. Un jour, à l'heure du déjeuner, je l'aperçois, plongée dans l'étude de *L'Histoire de France pour les nuls*. Pas très intellectuel, pour une journaliste de son calibre… Elle lève les yeux vers moi, rougit un peu, puis éclate de rire : elle révise cette matière dont elle pense ne plus avoir conservé suffisamment de souvenirs, pour mieux aider son garçon à préparer le baccalauréat ! D'établissement en établissement, qu'il a tous fréquentés de façon plus ou moins intermittente, Lucas a en effet fini par arriver en terminale. Et cela, grâce à la ténacité de sa mère, qui ne l'a jamais laissé tomber. Elle a même pris quelques semaines de vacances pour lui faire revoir, chapitre après chapitre, chacune des disciplines du bac avant qu'il se présente aux épreuves… Et il l'a réussi !

*

Si je n'avais pas vu Sophie déplacer des montagnes pour que son fils ne décroche pas complètement de ses études, aurais-je eu le courage d'aller jusqu'au bout avec Justine ? Je n'en suis pas sûre. Sans son exemple – et son soutien amical –, je n'aurais peut-être pas pu garder la foi dans une cause que l'école elle-même semblait juger perdue d'avance.

D'autres exemples m'ont également donné de l'espoir. Charles et Noémie, d'anciens voisins, avaient une fille que l'école avait totalement découragée. Après une période de flottement, elle a découvert l'existence d'un établissement public unique à Paris : le lycée autogéré, dans lequel les élèves participent à l'élaboration du règlement, et où règne une grande liberté. Notamment celle des horaires : on peut assister aux cours, ou ne pas y aller. À chacun de se fixer ses objectifs personnels et de s'y tenir. Inutile de souligner que le taux de réussite au bac n'est pas extraordinaire – 30 % selon les dernières statistiques – et que, chaque année, l'Éducation nationale reconsidère son budget avec la plus grande sévérité. Avant chaque rentrée, parents et professeurs se mobilisent pour qu'il échappe à la fermeture.

Et ils ont bien raison, car ce lycée hors normes a tout de même sauvé des élèves, dont Adèle, la fille de mes amis. Peut-être plus motivée que d'autres, elle y a retrouvé le goût d'étudier et obtenu son diplôme. Elle vit maintenant à Londres, où elle exerce le métier de photographe. En impliquant fortement les élèves dans la vie de l'école, ce lycée, tout juste toléré par les gourous de l'Éducation nationale, permet à des adolescents en rupture de retrouver ce dont l'enseignement traditionnel ne tient plus compte depuis longtemps : le goût d'apprendre, et la confiance en soi.

*

C'est bien ce qu'espère y trouver Marie, la fille de mon amie Valérie, qui vient de s'y inscrire, à l'issue d'un véritable parcours du combattant. Car pour se faire accepter dans cet établissement qui ne dispose que de très peu de places, il faut prouver sa motivation, passer des entretiens, et même effectuer un stage de trois jours afin de s'assurer qu'on ne fait pas fausse route.

Benjamine d'une fratrie de trois, avec un frère et une sœur jumeaux pour aînés, Marie a connu jusqu'alors de nombreuses galères, et déserté régulièrement les salles de classe. Contrairement à ma fille, qui n'a pas mené ce projet à bien, elle a pu bénéficier d'un « Projet d'accueil individualisé » pour se faire suivre par un « psy » pendant certaines heures de classe, alors qu'elle était encore au collège. C'est l'administration de l'établissement qui le lui avait spontanément proposé. Mais même dans ces conditions, avec des horaires allégés, elle a fini par sécher systématiquement les cours auxquels elle s'était engagée à aller. Aucun professeur n'a jamais réussi à l'intéresser, et pourtant c'est une jeune fille qui ne manque pas de centres d'intérêt. Le lycée autogéré, de l'aveu même de ses parents, est un peu sa dernière chance d'accéder à des études après le bac. Le grand changement dans sa vie, c'est qu'elle est bien dans son nouvel établissement. Mais pourquoi donc n'a-t-elle jamais pu se sentir à l'aise dans ses écoles précédentes ? C'est à chaque fois la même question qui revient, et qui reste sans réponse.

*

Les confidences que je recueille au fil des mois, dans ma seule sphère personnelle, sans faire de recherches particulières, se font de plus en plus nombreuses.

Muriel, pédiatre, et Matthieu, photographe, ont trois enfants dont le plus jeune, Martin, rejette l'école. C'est pourtant un garçon très vif, brillant en maths, qui n'a rien de renfermé : avec des copains, il a formé un groupe de rock dans lequel il joue de la guitare. Jeanne, mère au foyer, et Alain, ingénieur, se désespèrent aussi pour Pierre, un de leurs trois enfants : charmant et plein d'humour, il n'arrive à se fixer dans aucune école, ni publique, ni privée. Et je pourrais aussi citer les histoires d'Aline, cadre dirigeante dans une société de cosmétiques, de Marie-Charlotte… psychologue de son état, ou encore de Jean-Baptiste, fonctionnaire à Bercy. Et même de Patrice, l'un de mes jeunes collègues, qui m'a confié avoir longtemps déserté l'école à l'insu de ses parents quand il était adolescent tant il s'y sentait mal…

À chaque fois, le même désarroi de l'enfant – puis de ses parents lorsqu'ils découvrent ce qui se passe –, le même sentiment d'incompréhension, la même difficulté à trouver une entente avec l'école dès lors que l'enfant ne marche plus dans les bons rails. Justine, Michel, Martin, Adèle ou Marie racontent tous à peu près la même histoire. Mais leur histoire peut-elle servir aux autres ?

*

En écoutant leurs récits, je n'ai, hélas, pas déniché la solution miracle aux problèmes de Justine. Mais j'ai compris que, face à la puissante machine de l'Éducation nationale, tous ces cas particuliers, fussent-ils nombreux, avaient définitivement vocation à le rester. Quand se pose la question de l'enseignement dans les banlieues difficiles, quand 140 000 jeunes sortent chaque année du système scolaire sans le moindre diplôme ni qualification, quand plus de 20 % des jeunes participant à la Journée d'appel de la défense montrent qu'ils ne sont pas des lecteurs « efficaces » (l'euphémisme utilisé par l'Éducation nationale pour indiquer qu'ils sont quasiment illettrés), que pèsent nos enfants, avec leurs angoisses de petits privilégiés ? Le professeur principal de Justine m'a fait remarquer, avant qu'elle ne soit radiée de la liste des élèves de son collège, que nous avions « les moyens » d'aider Justine, au propre comme au figuré. Étrange remarque qui signifierait, en extrapolant à peine, que seuls ceux qui n'ont « pas les moyens » auraient besoin de l'école de la République…

Difficile, en tout cas, de ne pas comprendre le message : telle l'armée rouge de Mao pendant la longue marche, nous ne devions compter que sur nos propres forces. Les témoignages que j'ai reçus m'ont permis de renforcer ma conviction, au départ viscérale et pas du tout réfléchie, que tout n'était pas perdu pour Justine, mais qu'il nous faudrait de l'imagination pour l'amener à bon port en se passant d'eux. La deuxième étape serait d'obtenir d'elle qu'elle se persuade également que c'est possible. Beaucoup moins facile... car l'école a démoli toute l'estime qu'elle a d'elle-même.

J'en suis là lorsque je recueille les confidences d'une relation professionnelle qui a fini de m'ouvrir les yeux sur les miracles qui peuvent s'accomplir en dehors des murs de l'école, quand l'amour, la patience et la confiance dans son enfant sont là. Ce témoignage, précieux entre tous, est celui de Michael.

*

Ce Britannique, qui a trouvé en France l'élue de son cœur, a créé à Paris, il y a de nombreuses années, une agence de conseil en communication prospère. Peu de pères se sont autant investis que lui au côté de leur enfant. Toujours souriant et détendu, cet homme d'affaires a vécu l'aventure la plus étonnante dont j'aie entendu parler avec son fils, Tom, aujourd'hui adulte et père de famille, diplômé d'économie et travaillant dans la statistique. Il me l'a racontée un jour, alors que je venais de lui faire part de mes soucis. À 11 ans, ce garçon était lui aussi en rupture scolaire : il avait la phobie des autres – ils n'ont jamais su pourquoi. Au début, ses parents ont essayé de l'emmener de force. « Je le tirais vers l'école, raconte Michael, mais il s'accrochait à un réverbère, et je n'arrivais pas à le détacher. » Comme Justine, Tom a été déscolarisé pendant deux ans. « Nous avons fini par accepter qu'il n'aille plus à l'école. Il adorait prendre le métro, et chaque jour, je lui fixais un but de visite dans Paris. Le midi, souvent, nous déjeunions ensemble et il devait me dire ce qu'il avait découvert. Nous sommes tombés sur un psychanalyste sud-américain qui s'est très bien occupé de lui. Ils partaient parfois tous les deux en métro. »

Mais au bout d'un an, le psy en question explique aux parents qu'il est arrivé au bout de ce qu'il peut faire, et oriente Tom vers un grand hôpital parisien connu pour soigner les enfants. « Là, nous avons rencontré un psychiatre qui nous a expliqué que la seule solution, c'était de l'enfermer », s'indigne encore Michael. Qui n'en a évidemment rien fait ! Après avoir rappelé le psy sud-américain, il a fait faire à Tom une thérapie de groupe. Et progressivement, l'adolescent a été rescolarisé, d'abord chez une dame qui faisait cours à une poignée d'élèves dans son salon, puis dans un institut privé. Progressivement, il a retrouvé sa confiance en lui, et il a fini par reprendre ses études.

Durant les années difficiles que j'ai vécues à côté de Justine, j'ai souvent repensé à la patience, à la sagesse et à la disponibilité de Michael. C'était comme une petite lumière d'espoir qui me faisait signe au bout de la nuit.

Chapitre 14

Ma nouvelle vie
Justine

Je ne vais plus à l'école, mais j'ai un agenda de ministre ! Fini la semaine de vacances, le pyjama jusqu'à midi, la télé et Internet. Il n'y a presque pas de moments inoccupés dans mon emploi du temps, quasiment comme quand j'allais en cours. La seule différence, c'est que je n'y vais pas. Le matin je travaille, toute seule ou avec Bahman, qui vient pour mes devoirs deux à trois fois par semaine. Il me fait surtout bosser les matières scientifiques – maths, sciences de la vie et de la terre, physique. On étudie ensemble les cours, puis il me fait faire quelques exercices d'application et, à la fin de la séance, me donne d'autres exercices pour le cours suivant, en plus des devoirs transmis par mes camarades de classe. Les matières littéraires, je les étudie plutôt avec ma mère ou mon père, un crack en histoire.

Ce que j'apprécie dans ces moments d'études, c'est qu'ils se déroulent dans une ambiance calme et détendue. L'absence d'élèves autour de nous change tout, on dirait qu'elle améliore ma capacité de concentration. Sans eux, j'ai l'impression que je comprends mieux les leçons. Et puis, avoir quelqu'un près de moi qui peut, à tout moment, répondre à mes questions me permet de progresser beaucoup plus vite. Bahman me donne des conseils pour mieux travailler, m'explique comment évaluer le temps que je dois passer sur tel ou tel exercice, m'aide à répartir dans une journée les moments où je potasse et ceux où je peux m'accorder une pause ou une petite sortie. Avec lui, je découvre qu'un de mes principaux défauts est de mal gérer le temps, ce qui à force me démotive et me décourage. Grâce à lui, j'apprends à analyser les énoncés des exercices, et petit à petit les maths deviennent compréhensibles, parfois même claires comme de l'eau de roche. Une chose que je n'aurais jamais crue possible !

*

Souvent, à midi, je vais déjeuner chez mes grands-parents ou ma grand-tante. Et j'adore ces moments-là. Ces visites m'apaisent et me redonnent de l'énergie pour la suite. L'inconvénient de ne plus aller en classe est de rester chez moi le plus souvent. Or, rester à la maison me déprime maintenant encore plus et me donne vraiment l'impression d'être enfermée dans un lieu au temps suspendu. Alors, faire le trajet vers eux m'apporte une bouffée d'air frais, voir des gens dans la rue et le bus me procure un bien fou. Pendant quelques heures, je vis en même temps que les autres.

Discuter avec mes grands-parents et ma grand-tante m'apporte beaucoup. Appartenant à une autre génération et ayant connu d'autres parcours, ils considèrent qu'on peut très bien s'en sortir sans de grandes études et qu'on peut apprendre un métier autrement. En dialoguant, je relativise la gravité de ma situation. Et puis, ils ont plus de temps pour m'écouter que mes parents et plus de recul peut-être pour me comprendre. Lors de ces déjeuners, on discute de mes études, ils me demandent comment je vais, on plaisante. J'adore poser des questions sur leur passé, et cela me plaît de les écouter raconter comment ils vivaient, petits, quand ils allaient à l'école pendant la guerre, et devaient courir vers les abris lors des bombardements. C'était autrement plus grave que de se sentir mal à l'aise au collège ! Je me souviens avec nostalgie de mon grand-père évoquant son service militaire en Allemagne et me parlant de son amour pour la culture italienne. Parfois, il me mettait au défi de lui sortir des mots de vocabulaire en anglais. Amusée, la plupart du temps je les trouvais, à sa plus grande fierté.

Avec ma grand-mère, Colette, je parle cuisine et jardinage. Ce que j'aime beaucoup lorsque je me rends chez eux, c'est la cuisine. Elle concocte toujours des plats délicieux, par exemple des beignets à la courgette, des pommes chips maison, sans oublier le pain perdu pour les grands jours. Ma grand-tante Yvette, de son côté, achète mes plats préférés : des tomates-mozzarella, des gnocchis et du saumon fumé. Elle va jusqu'à m'appeler la veille pour savoir ce que je souhaite manger le lendemain ! Avec ma grand-tante, après le déjeuner, on regarde un feuilleton ou une émission ; c'est pour moi un moment de douceur avant de retourner travailler. Ces déjeuners deviennent des instants privilégiés aidant à me ressourcer, à me reconstruire. Je ne les oublierai jamais.

*

Quand ce n'est pas avec mes grands-parents ou ma grand-tante, je déjeune avec ma mère près de son journal dans des restaurants japonais. J'adore. Comme j'ai découvert que la photographie m'intéresse, elle m'emmène parfois voir une exposition à la Fondation Henri Cartier-Bresson, à la Maison européenne de la photographie, à la mairie de Paris ou à l'Orangerie des Tuileries. J'y découvre les œuvres d'August Sander, Saul Leiter, Elliott Erwitt, Robert Doisneau, Izis, Cartier-Bresson, Willy Ronis… Ces expos me captivent, me font voyager, et j'aime l'idée de pouvoir capturer un instant qui restera à jamais gravé sur un morceau de papier. Je m'intéresse à la mise en scène qu'un artiste crée autour d'un sujet, mais également aux instantanés. Ils nous font découvrir les moments magiques que l'on peut vivre au quotidien sans parfois les voir, et les mettent en valeur.

*

Dans mon programme de ministre, j'intègre bien sûr les séances hebdomadaires avec le psychologue à la Maison des adolescents ; comme l'aller-retour est assez long, cela m'occupe toute une après-midi. Je vais aussi chez un orthodontiste, car il ne suffit pas de soigner la tête, le physique a aussi son importance. Un rendez-vous de plus dans mon emploi du temps. Dans la semaine, j'ai gardé deux activités artistiques, mon cours de danse modern jazz le vendredi et celui de guitare basse, le samedi. Avec un programme pareil, je suis sûre de ne jamais m'ennuyer.

*

J'aime la danse depuis toute petite, ayant commencé à prendre des cours à l'âge de 4 ans. Sans me vanter, je peux dire que j'en fais plutôt bien, car au fil des années j'ai accompli beaucoup de progrès, ce qui m'a donné confiance, même si celle-ci n'a pas servi à l'école. Assez vite, ce cours s'est transformé en espace où je peux me défouler. À cette époque, j'aime tellement ça que chaque fois que je n'ai rien à faire de spécial à la maison, je danse jusqu'à en être essoufflée. Quand mes parents sont absents, je danse dans le salon ou dans ma chambre, et cela me fait un bien fou. Sauf le jour où je me suis déboîté le genou et où il a fallu que je reste dans la position où j'étais tombée en attendant l'arrivée des pompiers. Ils ont dû m'emmener à l'hôpital, mais manque de bol, au même moment, il y a eu une panne d'électricité dans l'immeuble. Donc pas d'ascenseur, ni de lumière dans l'escalier. Dans un brancard qui oscillait dangereusement, portée par deux pompiers, la descente de nos quatre étages à la lueur d'une lampe torche m'a paru interminable. J'ai été immobilisée quelque temps, mais ça ne m'a pas empêchée de reprendre la danse plus tard.

J'aime cette activité parce qu'elle nettoie tout ce que j'ai dans la tête. Ayant toujours eu une vertu libératrice pour moi, durant la période où je suis restée étudier à la maison il était important de continuer à fréquenter ce cours ; il m'a permis de conserver un semblant de vie sociale. Les filles que j'y retrouvais étaient plus sympas, rigolotes et franches que beaucoup de mes camarades de collège.

*

Nico est un autre grand acteur de cette histoire. C'est avec lui que je prends, le samedi après-midi, un cours de guitare basse. Il me permet d'extérioriser mon mal-être, d'acquérir un peu de confiance en moi et de reprendre goût à la vie. Son côté tranquille, son dynamisme et son sens de l'humour me font du bien. Nos discussions, à propos de tout et de rien, m'apportent beaucoup. J'ai appris qu'il avait rencontré des difficultés semblables dans sa jeunesse ; donc il est l'une des rares personnes capables de me comprendre. Après ses cours, je me sens toujours apaisée, prête à affronter l'existence avec le sourire. Je me rappelle la première fois où j'ai frappé à la porte de sa salle. À l'époque, j'avais 15 ans et j'étais morte de trouille à l'idée de découvrir un monde inconnu. Eh bien, il m'a accueillie avec un grand sourire et beaucoup de gentillesse, et ma peur s'est volatilisée en un clin d'œil. Dès les premiers cours, il est devenu un excellent ami et un confident.

Dans la basse, j'aime quand la mélodie parle directement à mon cœur et à mes tripes. Quand, après plusieurs passages, je parviens à jouer de manière fluide, une transe délicieuse me gagne, et tout ce que je ressens et ai envie de dire ressort à travers la mélodie. Lorsque Nico m'accompagne à la batterie sur ce genre d'air, je pars loin, vraiment loin de l'école et des soucis.

Chapitre 15

Phobie scolaire

Anne-Marie

Nous pouvons désormais mettre un nom sur le mal qui empêche notre fille d'aller en classe : on appelle cela phobie scolaire. La belle affaire, diront ceux qui ne se sont jamais retrouvés devant pareille situation ! Qu'ils se détrompent. Mettre des mots sur ce qui fait mal, c'est déjà se sentir un peu moins désorienté, car s'il existe un terme pour nommer ce dont souffre Justine, c'est forcément que d'autres enfants ont dû y être confrontés avant elle ! Elle n'est pas un vilain petit canard qui ne fait rien comme les autres, mais une enfant qui « fait de la phobie scolaire » comme on peut « faire de l'asthme ». Aucune raison d'avoir honte, donc. Pouvoir utiliser ce terme à connotation médicale, c'est aussi s'autoriser à penser que des remèdes existent sans doute, qu'une guérison peut être envisagée. Et sur le plan social… c'est autrement plus présentable que de dire : « Justine ne va plus en cours » à des interlocuteurs vaguement sarcastiques, convaincus qu'elle fait l'école buissonnière sous le regard naïf de ses parents ! Bref, parler de phobie scolaire, c'est peut-être se rassurer avec des mots, mais c'est tout de même commencer à redresser la tête. Et dans des moments pareils, ça n'a pas de prix !

*

Comment avons-nous découvert la phobie scolaire ? Le docteur G.B. l'avait mentionnée dans le dossier destiné à la mise en place du « Plan d'accueil individualisé » qu'il avait préparé pour Justine, et qui n'a finalement jamais débouché. Je n'avais jamais entendu cette expression, ni lu quoi que ce soit à son sujet. Jusqu'alors, durant nos rendez-vous, le « psy » de Justine nous avait parlé d'état dépressif, et le traitement qu'il lui avait prescrit était en effet constitué d'antidépresseurs et de somnifères, parallèlement à la psychothérapie qu'il avait engagée avec elle, et dont il nous laissait entendre qu'elle durerait assez longtemps. De notre côté, les symptômes que nous constations quotidiennement correspondaient bien à l'idée qu'on se fait d'une dépression : tristesse chronique, troubles du sommeil et manque d'intérêt pour tout. Mais, même si nous faisions le rapprochement entre l'état de notre fille et son expérience douloureuse de l'école, nous n'établissions pas forcément entre les deux un lien unique de cause à effet. Tout en pressentant que cela avait joué un rôle important, nous imaginions que d'autres facteurs pouvaient être en cause, comme les ravages psychologiques provoqués par une acné galopante chez une adolescente de 15 ans, ou une déception sentimentale – voire pire : les deux en même temps !

Sans exclure totalement ces explications-là, le terme de « phobie scolaire » braquait désormais le projecteur sur la scolarité de Justine et la désignait bien comme l'objet principal de sa maladie – puisqu'on pouvait maintenant parler de maladie. Il signifiait très clairement que c'était en fréquentant l'école que notre fille avait plongé dans la dépression. Et, puisque ces mots figuraient noir sur blanc dans un dossier destiné à l'inspection d'académie dont il s'agissait d'obtenir l'autorisation pour aménager ses études, cela voulait forcément dire qu'il désignait un phénomène connu de l'Éducation nationale. Mais un phénomène dont personne ne parlait : un secret parfaitement gardé, comme j'ai fini par le comprendre au fur et à mesure de mes tâtonnements, alors que je cherchais comment sortir Justine de l'ornière.

*

Plusieurs mois après avoir appris que ma fille « faisait de la phobie scolaire », je suis tombée sur un article dans les pages « Éducation » du *Figaro*. Le premier du genre que je trouvais sur le sujet. C'était la critique d'un livre que venaient de publier deux médecins, le docteur Marie-France Le Heuzey et le professeur Marie-Christine Mouren, sous un titre qui semblait destiné à répondre personnellement à mes interrogations : *Phobie scolaire : comment aider les enfants et adolescents en mal d'école*[1]. Je l'ai aussitôt

1. Éditions Josette Lyon, 2008.

acheté et me suis plongée dans sa lecture. Les deux auteures, psychiatres, exercent à l'hôpital Robert Debré, à Paris, où elles ont créé une consultation consacrée à cette pathologie, qu'elles appellent aussi « refus anxieux de l'école ». Leur livre passe en revue quelques-uns des nombreux cas dont elles ont eu à traiter afin d'en dégager une typologie, et évoque l'évolution de leurs jeunes patients, filles et garçons, tout petits ou bien adolescents. Le constat qu'elles dressent est inquiétant. « Il n'est plus question de banaliser, de regarder l'école buissonnière comme un caprice enfantin », préviennent-elles, affirmant que la phobie scolaire peut avoir des conséquences catastrophiques à long terme.

Les cas décrits dans cet ouvrage sont très différents les uns des autres, leur seul point commun étant d'aboutir à une rupture scolaire : « Différents troubles anxieux peuvent être en cause », constatent les auteures. Encore convient-il d'être prudent sur le diagnostic : « Quel que soit son âge, l'enfant n'exprime pas toujours ses craintes, mais seulement sa façon de ressentir le monde de façon hostile et dangereuse. » Au fil des pages, nous suivons tour à tour Marine, prise d'angoisse sur le chemin de l'école depuis son entrée en 6e, Marie, petite fille de la campagne qui ne se sent pas à la hauteur de la nouvelle école dans laquelle l'ont inscrite ses parents après avoir déménagé en ville, Alban, enfant précoce rejeté par ses camarades, Arthur, qui panique depuis qu'il s'est fait agresser en rentrant chez lui après la classe, Manon, atteinte d'anxiété généralisée, ou encore Tiphaine, enfant brillante qui n'a soudain plus envie de rien et bascule dans une dépression suicidaire... Les deux médecins évoquent également « les cas particuliers du harcèlement en milieu scolaire et des jeux dangereux », qui se déroulent parfois dans les cours d'école en prenant régulièrement pour victimes les mêmes enfants, souvent les plus fragiles. Dans ce livre, on apprend également quelque chose de stupéfiant : au Japon, le refus scolaire est devenu « un fait de société ». Dans ce pays, près d'un million de jeunes aurait arrêté de fréquenter leur établissement scolaire pour échapper à une société qui les inquiète et qu'ils rejettent, passant leurs journées à la maison devant leur ordinateur, ayant pour seul lien avec l'extérieur un accès à Internet. Encore une bizarrerie de cet étrange archipel ? « Loin de concerner seulement le Japon, le problème pourrait s'étendre à d'autres continents et à d'autres cultures », n'hésitent pas à avertir Marie-France Le Heuzey et Marie-Christine Mouren.

*

Évidemment, j'ai tout de suite tenté de dresser un parallèle entre les exemples cités par les deux auteures et ce que Justine avait pu vivre à l'école. Je me suis demandé, par exemple, si elle n'avait pas été harcelée, d'une manière ou d'une autre, dans la cour de son collège : une question à laquelle je n'ai jamais obtenu de réponse. Je me suis aussi remémoré certains épisodes, comme ses tentatives désespérées pour devenir « populaire » auprès de ceux qu'elle appelait alors ses « amis ». L'une de ces tentatives – on l'a vu – avait failli virer à la catastrophe, une horde ayant débarqué chez nous… Je me suis aussi souvenue de sa fugue d'une demi-journée, quand elle était encore en 4e : nous l'avions finalement retrouvée chez une de ses tantes, ancienne puéricultrice, qui la gardait lorsqu'elle était bébé. Justine essayait-elle ainsi de nous dire qu'elle n'avait pas envie de grandir, que tout cela allait trop vite, que c'était beaucoup trop dur pour elle ?

Ce jour-là, la CPE des classes de 4e m'avait appelée, inquiète, en début d'après-midi, pour me signaler que ma fille avait disparu de l'école. Est-ce que par hasard elle n'était pas rentrée chez elle ? J'étais moi-même à mon travail, je n'en savais rien. J'ai appelé à la maison, personne. Je suis partie en quatrième vitesse en direction du collège, tout en donnant des coups de fil désordonnés à son père et à d'autres personnes de la famille. C'est seulement en fin de journée que nous avons reçu un appel rassurant de la tante, dont Justine avait exigé toute l'après-midi qu'elle ne cherche pas à nous joindre. Nous avions eu très peur, commençant par penser à une mauvaise rencontre, un enlèvement, un accident, que sais-je encore. Nous étions dans tous nos états. C'était la première fois qu'elle partait comme ça, sans rien dire à personne, ni à nous, ni à l'école, ni même à des camarades. Ce fut aussi la dernière. C'était un avertissement sévère, que nous avions bien interprété comme tel. Mais nous n'avons pas compris la portée de cette transgression, considérable pour une enfant sage comme elle. Elle tirait la sonnette d'alarme, et nous n'avons pas su comment réagir. Six mois plus tard, c'était la rupture.

*

Rétrospectivement, qu'aurions-nous pu faire ? L'emmener voir un « psy » plus tôt, certainement. Essayer de trouver une nouvelle école pour sa rentrée de 3e, peut-être. Nous n'avons pas compris que c'était aussi sérieux. A posteriori, j'ai cherché une fois de plus des informations sur Internet, et j'ai trouvé un site sur la phobie scolaire, décrite comme « un trouble anxieux encore méconnu ». À ne pas confondre, était-il précisé, avec l'angoisse de la séparation du petit enfant, avec l'absentéisme, ou avec le refus scolaire. À lire les témoignages présentés sur ce site, le phénomène touche aussi bien les bons que les mauvais élèves, et frappe le plus souvent au moment de l'adolescence. Ses manifestations : crises d'angoisse, de panique, de larmes, accompagnées de douleurs abdominales, de nausées, de vomissements ou de sueurs froides. Les causes ? Une peur excessive de l'échec, du jugement des gens, des professeurs, et surtout des autres élèves. Encore une fois, je découvrais des commentaires de parents désorientés, échangeant des trucs et des adresses pour tenter de s'en sortir.

À la lumière de ce que je vivais avec Justine, le livre de Marie-France Le Heuzey et Marie-Christine Mouren m'a plongée dans la perplexité. « À notre époque, les enfants malades de l'école sont nombreux », affirment les auteures. Un phénomène en plein boom et dont personne ne parle ? Comment se fait-il que ce que décrivent ces deux femmes, avec leur vocabulaire précis et scientifique de médecins confrontés à de nombreux enfants en rupture scolaire, puisse rester cantonné au monde médical sans entraîner le moindre débat dans celui de l'éducation ? Est-il possible que ces deux univers restent aussi cloisonnés ? Ou cela signifie-t-il que l'Éducation nationale préfère cacher de telles vérités plutôt que de les étaler sur la place publique ? Le tableau qu'elles brossent de la phobie scolaire, avec ses manifestations et ses origines si diverses, justifierait pourtant qu'elle soit décrétée sans tarder grande cause nationale ! Reste le problème de la méthode ; comment passer de tous ces cas particuliers à des conclusions d'ordre plus général, susceptibles d'aider les enfants malades de l'école, ainsi que leurs parents, que rien ne prépare à affronter de telles situations ?

C'est la limite de l'ouvrage, strictement médical, de Marie-France Le Heuzey et Marie-Christine Mouren. Si elles y décrivent par le menu les différents contextes dans lesquels peut se développer la phobie scolaire – problèmes psychologiques ou familiaux, comportement des camarades de classe, violence scolaire, agoraphobie… –, elles n'évoquent que de manière très accessoire ce qui se passe à l'intérieur des salles de classe, et pour cause : le voudraient-elles, elles n'y auraient pas accès. Ce qui permet de régler une bonne fois pour toutes la question des responsabilités de l'enseignant ou des méthodes de l'Éducation nationale dans le développement des phobies scolaires ! Tout juste peuvent-elles signaler que « l'assiduité est meilleure dans les petits établissements, avec des classes à effectifs raisonnables », une remarque qui ne manque d'ailleurs pas d'intérêt et dont je saurai me souvenir plus tard. L'Éducation nationale ne semblant pas très pressée de lancer le débat sur la phobie scolaire, on ne peut qu'en rester à cette approche bien commode : les enfants qui en sont atteints en portent la responsabilité pleine et entière, ainsi que leurs familles. Côté enseignants ? Circulez, il n'y a rien à voir.

*

En fermant ainsi les yeux sur cette réalité que les deux psychiatres de l'hôpital Robert Debré n'ont pourtant pas inventée, pas plus que le docteur G.B. qui l'a inscrite dans le dossier de Justine, l'Éducation nationale peut tranquillement continuer à ne reconnaître qu'un seul phénomène : l'absentéisme. Ce dernier n'a plus rien à voir avec la joyeuse école buissonnière chère à Charles Trenet, qui chantait les « mille chemins » qu'elle permettait de découvrir dans un lointain paradis perdu enfantin : *On vivait sans souci, sans la moindre méfiance n'ayant qu'un seul désir : quitter l'école par plaisir.* Une autre époque ! Aujourd'hui, l'absentéisme est synonyme de démotivation, d'ennui à l'école, de décrochage scolaire, et souvent de démission parentale. Ce phénomène, qui touche 116 000 élèves par an, a été décrété à plusieurs reprises « priorité absolue » de l'Éducation nationale, sans que cela change quoi que ce soit. Pour le réduire, on a imaginé des amendes pour responsabiliser les familles, le fichage des élèves décrocheurs, la suspension des allocations familiales et même, à titre expérimental dans quelques lycées… le versement d'une cagnotte aux élèves assidus !

Mais la phobie scolaire ? Rien pour la détecter, pour l'identifier, pour aider les parents à prendre les mesures nécessaires à temps. Et aucune statistique, si ce n'est ce chiffre de 1 % des collégiens parfois cité, sans savoir d'où il provient. Cherchez sur le site de l'Éducation nationale : vous n'y trouverez pas la moindre référence à la phobie scolaire. Quelle que soit la diversité de ses causes, Marie-France Le Heuzey et Marie-Christine Mouren la décrivent pourtant dans des termes à la fois très précis et très simples : « L'enfant présente une détresse émotionnelle au moment d'aller à l'école de type anxiété, dépression, colères ou signes somatiques. Les parents connaissent l'absentéisme et l'enfant les supplie de rester à la maison. L'enfant n'a pas de comportement antisocial, n'est pas délinquant. L'enfant exprime son souhait de travailler et fait du travail scolaire à la maison. Pendant l'horaire scolaire, l'enfant reste à la maison, car il s'y sent en sécurité. » C'est, en quelques lignes, la description exacte de ce qui s'est passé avec notre fille, Justine. Nous n'étions pas préparés à affronter cette situation. Et surtout, dans une époque où règne pourtant la surinformation, rien ne nous avait alertés sur ce phénomène de phobie scolaire : nous n'étions donc pas en mesure de l'identifier comme un risque potentiel. Les professeurs de Justine ont-ils été aussi pris de court que nous ? Je ne le saurai sans doute jamais. Mais quelle ne fut pas ma surprise, le jour où j'ai décidé de l'inscrire au Centre national d'enseignement à distance (CNED), d'entendre une voix à l'autre bout du fil qui me demandait : « C'est pour une phobie scolaire ? »

Chapitre 16

Comme un coq en pâte
Justine

Depuis que je ne vais plus au collège, tout le monde est supergentil avec moi ; on me traite presque comme si j'étais malade. En fait, il semble bien que ce soit le cas. Après l'arrêt de l'école, dès mon premier rendez-vous avec le docteur G.B., ce dernier m'a informée que le mal-être qui me touchait portait un nom : la phobie scolaire. Je n'avais jamais entendu cette expression, et elle m'a un peu rassurée. D'un côté, cela confirme que je suis bien touchée par une sorte de maladie et qu'il ne s'agit pas d'un caprice. Une donnée importante, quand tout le monde autour de moi ne l'a pas encore compris ; voilà au moins une forme de reconnaissance. Est-ce ce qui explique la visite de ma professeure principale, Mme V., à la maison ? Elle n'a pas prononcé l'expression de phobie scolaire, mais peut-être y pensait-elle. Ce que m'a dit le docteur G.B. signifie également que d'autres adolescents endurent la même maladie, peut-être même, pour certains, sous une forme plus grave. Si j'ai bien compris, cela doit aussi signifier que personne ne m'obligera à retourner en classe tant que je ne serai pas guérie.

*

Désormais, je constate que mes parents me mettent moins la pression, me laissent aller à mon rythme. Mais maman me rappelle quand même, de temps à autre, les échéances de mes devoirs. J'ai noté au fil des jours qu'ils se montraient plus attentionnés et attentifs que d'habitude. J'ai parfois l'impression que ma phobie scolaire m'a transformée en une petite chose fragile comme de la porcelaine, à manier avec précaution.

Mes parents ne sont pas les seuls à avoir changé depuis l'arrêt de l'école. Mes amis aussi me parlent autrement. Certains, quand je les appelle, se montrent soucieux de mon état, ce qui est plutôt marrant puisqu'à la rentrée de 3e je n'étais personne pour eux ! Sans doute ne voulaient-ils pas salir leur réputation en osant me parler. Un ostracisme que certains ont prolongé en refusant que je laisse des messages sur leur mur Facebook, préférant les recevoir en privé ! Une attitude complètement bête, qui, au début, m'a troublée. Mais bon, maintenant, je leur pardonne car je sais combien, lorsqu'on est collégien, la bêtise monte vite à la tête. Aujourd'hui, ayant fini par mûrir, ils sont encore mes amis.

*

Quelques semaines ont passé. Mes parents ne me parlent plus du collège ni même d'y retourner prochainement. Mais nous continuons à discuter de ce que je pourrais faire plus tard. Comme le lycée général ne m'attire pas vraiment, ma mère a organisé quelques visites dans des lycées professionnels. Mais je dois avouer qu'en ressortant, je ne suis pas plus emballée. Ai-je envie de devenir secrétaire, peintre en bâtiment, tapissière, décoratrice sur céramique, cuisinière ? Je n'en ai aucune idée. Le choix d'un éventuel lycée a donc été reporté à plus tard.

Dans l'immédiat, maman m'a présenté le CNED comme une solution pour que je puisse continuer ma 3e. C'est exactement ce que j'attendais. J'avais déjà entendu dire qu'on pouvait, dans certaines conditions, suivre des cours par correspondance et étudier à la maison, mais je ne savais pas précisément à qui il fallait s'adresser. En proposant de m'inscrire au CNED, elle présente une solution susceptible de contenter tout le monde. De quoi la rassurer, et moi avec. Car, même si j'aime passer la journée à faire ce qui me plaît, je me soucie un minimum de mon avenir. En suivant un enseignement à distance, je garde toutes mes chances de poursuivre des études plus tard.

*

Durant cette période, mes parents et quelques autres membres de la famille se sont efforcés de m'organiser des sorties. La plupart du temps, ils m'emmènent à une exposition, manger au restaurant ou voir un bon film. Je me souviens d'une expo du photographe de mode Patrick Demarchelier avec mon cousin Damien, qui, pour la première fois, me traitait en adulte. J'étais fière de sortir avec lui ! Il m'a même laissée fumer une cigarette dans sa voiture... J'ai aussi gardé en mémoire une expo sur Picasso et ses maîtres, vue avec toute la famille réunie : elle m'a impressionnée, car je n'avais jamais rencontré autant de monde dans un musée. Ces attentions m'ont touchée et fait oublier, pour un temps, ma morosité. En me prenant par la main pour aller voir ce qui se passait dehors, ils m'ont aidée à sortir de la dépression, à avancer et à mieux envisager l'avenir.

*

Depuis le jour où j'ai signifié à mes parents que je ne pouvais plus aller en classe, j'ai commencé à me confier à eux, à leur faire part de mes états d'âme. Je les sens plus à l'écoute de mes soucis. Mais surtout, avant, pendant et après, j'ai beaucoup discuté avec ma grand-tante Yvette, de ma scolarité comme du reste. Elle a été et reste une confidente. Je lui raconte tout. Quand elle a su que j'avais arrêté l'école, elle a été la première – et même la seule – à me dire que j'avais bien fait et que j'avais été courageuse ! De fait, elle sait combien je ne me suis jamais sentie à l'aise en milieu scolaire. Elle a été là pour me soutenir, m'aider moralement et a toujours cru en moi.

*

Un peu avant ce départ, j'étais devenue fan d'un groupe de rock allemand avec deux de mes meilleures amies, Hannah et Margaux. Ce groupe s'appelait Killerpilze – « Les champignons tueurs », ça ne s'invente pas ! – et plaisait beaucoup aux ados français. Nous sommes allées à pratiquement tous les concerts qu'ils donnaient à Paris : à l'Élysée Montmartre, au Bataclan, au Trabendo et à l'Olympia. J'adorais ce type d'événements et, depuis que j'avais arrêté le collège, maman voyait beaucoup moins d'inconvénients à de telles sorties.

Malgré l'effervescence dans la salle, la foule, le fait d'être compressée comme une sardine et la nécessité de lever la tête vers le plafond pour aspirer l'air frais, j'adorais. Comme j'adorais chanter en même temps que les deux interprètes, sentir que le reste du public vibrait et était en transe, comme moi. Étonnamment, malgré la pression et le nombre de fans en délire, jamais je n'ai éprouvé de malaise au milieu des autres durant le spectacle, comme autrefois au collège ! Grâce au contexte différent, je me sentais dans mon élément au milieu de personnes appréciant le même groupe que moi, au cœur de cette communauté qui se retrouvait pour chaque concert.

*

Au Noël de mes 15 ans, j'ai enfin reçu la guitare basse que je désirais et que j'ai par la suite appelée Punkette. Pourquoi ? Parce que le fascicule sur lequel étaient imprimés des morceaux servant à apprendre la basse spécifiait, dans les premières pages, qu'il convenait de donner un nom à l'instrument. Alors je me suis prêtée au jeu. En premier lieu, je voulais cette basse car, avec Hannah et Margaux, nous souhaitions fonder un groupe de rock. Si le projet est tombé à l'eau – à mon grand désarroi –, cela ne m'a pas empêchée de persévérer seule. L'idée d'apprendre à jouer me plaisant, dès mes premiers cours, cette guitare basse est devenue l'exutoire de mes émotions.

*

Avec le recul, quand je regarde cette période dans son ensemble, il me semble que j'étais plus ou moins devenue le centre du monde, du moins celui de ma famille. Et je crois que, d'une certaine manière, j'en avais besoin. Étant discrète, voire transparente, j'avais besoin qu'on fasse plus attention à moi. J'avais besoin de montrer que je n'arrivais plus à affronter les soucis, que je n'avais plus assez de force ni de confiance pour avancer seule. La présence de tous, leur attention, allaient m'aider à redémarrer sur de meilleures bases. Après ce que j'avais vécu, n'avais-je pas le droit d'être un peu gâtée ?

Chapitre 17

Une bouée de secours

Anne-Marie

Le plus éprouvant pendant les semaines, puis les mois, qui ont suivi la rupture scolaire de Justine, c'était de ne pas savoir de quoi demain serait fait. Tentative de réintégration dans son collège grâce à un « plan d'accueil individualisé », recherche d'établissements « différents », chasse au « psy »... Nous nous étions beaucoup agités, mais, au final, Justine était toujours à la maison, sans la moindre solution en vue. Bien sûr, avec le soutien de Bahman, qui venait désormais trois fois par semaine, elle continuait à étudier son programme, et je l'encourageais à poursuivre ses autres activités, comme la danse ou la guitare basse. Lorsque c'était possible, nous nous retrouvions pour voir une exposition à l'heure du déjeuner, ou tout simplement pour manger ensemble en discutant. Je voulais qu'elle reste le moins possible enfermée entre quatre murs. Mais cela ne pouvait pas durer éternellement. Après avoir exploré, puis rejeté toutes les autres possibilités, il ne nous est resté qu'une solution : l'inscrire au CNED, dont son professeur principal, Mme V., nous avait parlé comme d'une lointaine éventualité lors de sa dernière visite. Après avoir consulté le site, j'ai pris mon téléphone, et j'ai appelé.

*

« C'est pour une phobie scolaire ? », m'a donc demandé mon interlocutrice d'un ton chaleureux, presque compatissant. « Oui », ai-je répondu, légèrement interloquée. Le CNED, traditionnellement, est l'organisme qui permet de maintenir scolarisés des enfants alités à la maison ou qui, au contraire, changent continuellement d'adresse, comme ceux dont les parents décident d'entreprendre un tour du monde en bateau, en embarquant à bord toute la famille. J'en ai connu quelques-uns. C'est aussi un établissement qui permet de préparer un diplôme ou un concours par correspondance, le soir à la maison, lorsqu'on travaille déjà et qu'on souhaite reprendre des études, ou parfois, lorsqu'on veut repasser le bac après un premier échec. Cette fois, je commençais à comprendre que le CNED était aussi devenu la bouée de secours de tous ces enfants que l'école a rendus malades et qui veulent, malgré tout, continuer à étudier. Dans les documents que nous avons reçus par la suite, nous avons appris que pour le seul collège, 35 000 élèves y sont scolarisés. Les lycéens y sont près de 50 000 : c'est donc le plus grand lycée de France. Sur ce nombre, combien de phobies scolaires ? Le système est non seulement très bien rodé, mais il fait partie intégrante de l'Éducation nationale ! Quelle découverte…

Résumons. En France, l'enseignement est obligatoire jusqu'à l'âge de 16 ans, mais certains enfants développent ce qu'il est convenu d'appeler une « phobie scolaire » – ce que les parents, mal informés, découvrent le jour où ils sont confrontés à cette situation, comme nous. Dans de tels cas, les deux spécialistes de l'hôpital Robert-Debré, le docteur Marie-France Le Heuzey et le professeur Marie-Christine Mouren, qui voient passer des centaines de jeunes patients par an, préconisent de prodiguer des soins à l'enfant tout en gardant pour objectif de le maintenir coûte que coûte à l'école, ou de l'y faire revenir le plus vite possible. D'après ces deux pédopsychiatres, non seulement « le changement d'école est rarement la solution miracle pour résoudre une situation de refus scolaire », mais « l'objectif prioritaire est le retour à l'école ». Après une rupture, elles privilégient une « réexposition progressive aux situations scolaires », en commençant par ce qui semblera à l'enfant « le moins anxiogène ». Dans le cas de Justine, c'est à peu près ce qu'avait recommandé son professeur principal, en lui proposant de participer à certaines sorties de classe, et de mettre en place un programme d'accueil individualisé.

Le problème est que non seulement notre fille n'était pas partante, mais que son thérapeute, le docteur G.B., ne semblait pas partager l'avis de ses deux consœurs. L'essentiel, pour lui, n'était certainement pas le maintien ou le retour à l'école, mais la thérapie qu'elle suivait. À ses yeux, la priorité était de faire en sorte que « Justine aille mieux ». L'école ? Si elle pouvait y retourner un jour, cela constituerait un résultat très positif de sa guérison, mais annexe. Parmi les meilleurs professionnels ayant une connaissance approfondie de la phobie scolaire, deux écoles s'opposaient donc de la façon la plus radicale. Qui devions-nous croire, nous autres pauvres parents découvrant soudainement l'ampleur du problème ? C'est Justine qui a tranché pour nous. Et elle ne nous a pas donné le choix.

*

Du jour au lendemain, notre vie a changé. Enfin… Il nous a tout de même fallu plusieurs semaines avant que l'inscription de Justine soit validée, puisqu'elle s'inscrivait dans le cadre de l'enseignement obligatoire jusqu'à 16 ans : nous avons d'abord dû obtenir l'imprimatur de l'inspection académique, qui nous l'a d'ailleurs accordé sans la moindre difficulté, après que le docteur G.B. eut dûment fourni des documents prouvant que Justine souffrait de phobie scolaire et faisait l'objet d'un suivi psychologique dans l'établissement pour adolescents qu'il dirigeait. Jour après jour, ma théorie du secret le mieux gardé de l'Éducation nationale se confirmait. La phobie scolaire, personne n'en parlait, mais tout était organisé pour exfiltrer en toute discrétion les enfants concernés ! Ou tout au moins ceux dont les parents étaient suffisamment acharnés pour vouloir trouver à tout prix une solution.

Celle que nous avions fini par trouver avait du bon. Notre fille n'ayant que 15 ans, elle bénéficiait comme dans n'importe quelle école de la République d'un enseignement quasiment gratuit, l'inscription s'élevant cette année-là à la somme modique de 126 euros pour l'année. Un rapport qualité/prix plus que raisonnable, eu égard à la quantité de documents que nous avons reçus par la poste quand son inscription a été définitive !

*

Je regrette un peu de ne pas avoir pesé, par curiosité, le colis reçu en cette fin janvier 2008, tant il était lourd. Et pour cause : il contenait tous les cours de l'année dans toutes les matières, des livres d'exercices, des CD pour les langues, la musique et même pour l'éducation physique et sportive (EPS). Il comportait aussi des copies spéciales sur lesquelles rédiger les devoirs à renvoyer par la poste, et des rouleaux d'étiquettes à code-barres, toutes différentes, à coller sur ces mêmes copies lors de chaque envoi... Le kit du parfait petit élève à domicile, que nous n'avons dû compléter que par l'achat de quelques livres en librairie, et de CD vierges sur lesquels Justine enregistrerait ses exercices oraux d'anglais, d'espagnol et de musique. En ouvrant la boîte apportée tant bien que mal par le facteur, qui n'avait pas spécialement l'air ravi ce jour-là, j'avoue que nous avons été partagées entre la surprise et le découragement.

Devant ce déballage, nous étions perplexes. Par quoi commencer, et comment ranger ce volumineux matériel pédagogique ? Quelques heures plus tard, nous avions fait le tri et constitué des piles soigneusement classées par matières et semestres. Et nous les avions réparties entre la chambre de Justine – pour les documents dont elle aurait besoin immédiatement – et le coin bureau du salon, pour ceux qui seraient utilisés plus tard. Une fois l'opération terminée, l'espace de travail laissé à son père et à moi-même était purement résiduel. Nous étions réduits à la portion congrue. Mais il fallait nous y faire : notre appartement allait vivre désormais au rythme du CNED.

*

Comment devenir un élève à distance modèle ? Tout était expliqué dans un *Guide de l'élève* déniché dans le colis, au milieu des autres documents.

Pour commencer, l'élève Justine avait désormais un indicatif, une sorte de matricule à onze chiffres, pour éviter toute confusion sur la personne. Notre fille a trouvé ça plutôt rigolo. Cette série de chiffres figurait en particulier sur les fameuses étiquettes dont nous avons mis un certain temps à percer le mystère : comme les devoirs n'étaient pas remis directement aux professeurs chargés de les corriger, il fallait leur apposer une étiquette codée permettant leur identification – et veiller à coller la bonne ! Dans le lot imposant d'étiquettes fournies, il convenait donc de trouver à chaque fois celle qui correspondait à la bonne matière et au bon numéro de devoir, avec l'indicatif de Justine – qu'il fallait surtout ne pas oublier de reporter sur l'enveloppe d'envoi. Quelque part – près de Rouen, en réalité – un professeur recevrait sa copie, en prendrait connaissance, et la lui renverrait par la Poste, notée et corrigée au stylo rouge comme dans toutes les écoles de France. Et, en fin de trimestre, il participerait à un conseil de classe durant lequel le travail de Justine serait évalué ! Tout cela était à la fois routinier, calqué sur le modèle scolaire classique, et un peu surréaliste, dans la mesure où ces enseignants inconnus semblaient séjourner dans un lointain Olympe, à la manière des divinités grecques, et parce qu'il fallait nous adresser à eux en utilisant des codes vaguement ésotériques.

*

Pourtant l'anonymat n'était pas total, et cela m'a rassurée. D'abord, chaque élève faisait partie d'une classe virtuelle ayant un professeur principal, que l'on pouvait contacter par Internet, et éventuellement par téléphone. Celui-là, il fallait impérativement se le mettre dans la poche, car c'est lui qui allait proposer l'orientation de Justine en fin d'année. Mais en l'occurrence, cette personne était plutôt du genre atrabilaire : mauvaise pioche ! Outre les professeurs correcteurs, susceptibles de donner des conseils par écrit sur les devoirs, il y avait aussi des professeurs tuteurs dans chaque discipline, prêts à éclairer tel ou tel point du cours mal compris par l'élève, à lui donner des explications sur la nature d'un exercice, ou à le guider dans son travail. Justine, qui n'appelait jamais ses copines sur leur téléphone fixe de peur de tomber sur les parents (qu'elle connaissait pourtant) et de se trouver à court de formule de politesse, n'a hélas jamais osé en appeler un seul ! Nous en sommes donc restés au rituel « maman (ou papa), ça veut dire quoi… ». Bahman, qui avait accepté d'entrer dans notre jeu et d'accompagner Justine dans cette période difficile, bien au-delà de son contrat initial, complétait le dispositif avec beaucoup de patience et d'intelligence. Notamment en maths et en sciences, ces matières dans lesquelles, à l'âge de ma fille, j'étais passée maître dans l'art de dissimuler ma nullité et mon manque d'intérêt.

*

Un détail m'a amusée, bien qu'en y réfléchissant, il n'ait rien d'anormal : comme pour apporter la preuve irréfutable que le CNED, c'est toujours l'Éducation nationale, il y avait, dans le *Guide de l'élève*, des billets d'excuse de « simple retard » ou de « demande de dispense » déjà imprimés, prêts à être découpés et envoyés aux professeurs en cas d'empêchement justifié ! Évidemment, le retard en question ne pouvait pas être l'heure d'arrivée tardive en classe, mais l'envoi d'un devoir après la date limite fixée par le CNED en début d'année. Un cas de figure dans lequel Justine ne pouvait absolument pas se permettre de se trouver, étant donné qu'elle prenait le train en marche. Ce qui a fait de nous des abonnés à la queue du dimanche à la poste du Louvre, à Paris, bien connue des retardataires en tout genre de la capitale, car les plis y sont tamponnés 365 jours par an, y compris les dimanches et jours fériés !

*

Comme elle avait été inscrite tardivement, mais qu'elle avait tout de même travaillé à la maison les mois précédents, Justine a pu bénéficier d'un aménagement et d'un allégement de son calendrier de travail : au lieu des douze séries de devoirs, correspondant à douze « séquences » de leçons, demandées à un élève normalement inscrit en début d'année, il lui avait été accordé de n'en faire que neuf. Elle devait les envoyer en respectant le calendrier que nos interlocuteurs du CNED avaient fixé pour elle, et qui s'échelonnait entre fin février et fin juin. Il fallait que Justine se mette très vite au travail si elle voulait valider son année de 3e et obtenir son passage en 2de. C'était le principal but du jeu.

Et une véritable gageure ! Après trois mois durant lesquels elle avait vécu à sa guise tout en travaillant à la maison, un peu comme pendant de longues vacances studieuses, c'était de nouveau la rentrée scolaire. Fini les plaisanteries. Notre fille avait intérêt à s'organiser. Nous avons donc fait… un emploi du temps, comme à l'école. Mais à l'arrivée, Justine avait un agenda de ministre ! Le CNED avait envoyé un emploi du temps type. Or, elle avait déjà de nombreux rendez-vous fixes que nous avons commencé par noter sur son agenda – psy, musique, danse, sans compter l'orthodontiste et la dermatologue, qui soignaient à leur manière d'autres types de bobos de l'adolescence. Puis nous avons regardé le temps qui restait et réfléchi à la façon de le répartir entre l'étude des différentes matières. Un véritable casse-tête, tant il y en avait.

Puisque le CNED fait partie intégrante de l'Éducation nationale, on y suit le programme officiel dans son intégralité. Et comme la doctrine officielle de nos pontes veut qu'il n'existe pas de matière mineure, il y a des devoirs à envoyer dans toutes les disciplines, y compris la musique et les arts plastiques, auxquels Justine, toujours trop consciencieuse, a évidemment tenu à consacrer tout le temps nécessaire – tandis que je bouillais de ne pas la voir passer au français ou aux maths, objectivement plus importants, même s'il est interdit de le dire. Or, je devinais que, même avec un programme allégé à l'étude de neuf « séquences » par matière, et à la réalisation d'autant de devoirs dans les quatre mois impartis, Justine aurait du mal à y arriver. Seule l'EPS ne nécessitait pas de rendu de devoirs, même si un CD plutôt bien conçu invitait les élèves à commencer à s'entraîner pour les épreuves du bac. Inutile de dire que nous l'avons passé allégrement à la trappe d'un commun accord, et sans l'ombre d'un remords. La gym en moins, c'était toujours ça de gagné !

*

Ma fille a fait un peu la grimace en découvrant qu'il lui fallait recommencer à se lever vers 7 h 30 pour se mettre au travail entre 8 h 30 et 9 heures, et se contenter de trois quarts d'heure de battement le midi pour déjeuner... et regarder un peu sa chère télé, avant de reprendre le travail jusque vers 18 heures, voire 19 heures, afin de pouvoir boucler tout son programme. Elle commençait à découvrir que sa liberté de dire non à l'école avait un prix : l'obligation de parvenir à une autodiscipline que, jusqu'à présent, elle ne s'était jamais imposée à elle-même. Pour elle, la discipline, c'était les autres – le principal, le professeur, le CPE, appliquant un règlement imposé de l'extérieur. Cette fois, il lui fallait s'organiser pour atteindre un objectif personnel. C'était différent. C'était un défi. Bien sûr, elle a un peu renâclé, et cela n'a pas été tous les jours facile. Mais elle l'a fait. C'est ainsi qu'elle a obtenu sa première victoire.

Chapitre 18

Merci, monsieur le postier

Justine

Le CNED, quelle sacrée expérience ! Après mon inscription, j'ai vu arriver à la maison la totalité des cours et devoirs de l'année scolaire, dans un énorme carton. En apercevant cette masse de documents, j'avoue avoir été non seulement étonnée, mais aussi un peu découragée. C'était autre chose que d'aller chercher ses manuels au collège le jour de la rentrée, et de repartir avec une petite pile de livres sous le bras. Pour la première fois, je mesurais la quantité de leçons à apprendre et de devoirs à rendre pendant une année scolaire. Impressionnant ! Je me suis demandé comment j'allais faire pour étudier tant de choses en si peu de temps. J'avais du mal à croire que je serais capable de tout ingurgiter. C'était comme si le cauchemar redémarrait, bien que sous une forme légèrement différente.

*

Mais il a fallu m'y mettre. Et vite ! Quand je me suis plongée dans les cours écrits, je me suis aperçue qu'ils étaient constitués, le plus souvent, de deux fascicules par matière – un par semestre – et que leur contenu était encore plus dense que pressenti. Le système avait ses avantages et ses inconvénients. D'un côté, il était difficile d'étudier seule, sans avoir d'abord eu l'occasion d'écouter l'enseignement d'un professeur. Mais d'un autre côté, je savais où j'allais, connaissant à l'avance le nombre de cours qu'il me restait et les sujets des prochaines leçons. Sans compter que ces fascicules représentaient un cours complet et synthétique, que je pouvais apprendre correctement. Alors qu'au collège les notes prises en classe étaient pleines de trous parce que le professeur parlait trop vite ou trop longtemps, et que le soir, à la maison, j'avais du mal à reconstituer son cours. Ceux du CNED avaient au moins le mérite de la clarté.

De nouvelles méthodes étaient à découvrir. Par exemple, je devais enregistrer sur CD mes devoirs oraux d'anglais et d'espagnol, ce qui m'arrangeait bien puisque je n'étais pas à l'aise à l'oral. Comme je n'étais pas très à l'aise avec la technique non plus, il a fallu un peu de temps pour comprendre comment régler mes appareils. Au début, mes enregistrements étaient inaudibles ! Une fois la technique maîtrisée, le grand avantage fut de pouvoir m'écouter après chaque essai. Si je m'étais trompée ou trouvais ma prestation insuffisante, il suffisait d'effacer et de recommencer autant de fois que nécessaire. Exactement ce dont j'avais rêvé autrefois !

Grâce à ces exercices enregistrés, je pouvais me lâcher enfin à l'oral, n'ayant plus à craindre quoi que ce soit.

La méthode me plaisait, même si au départ il m'a paru bizarre, et peu agréable, d'entendre ma voix lorsque je contrôlais l'enregistrement avant de l'envoyer au CNED. Mais cela m'a permis de me rendre compte que, souvent, je parlais si bas qu'il était difficile de comprendre mes propos. En me réécoutant, j'ai également découvert que ma voix était monocorde, et que je devais faire des efforts pour la moduler. Était-ce le reflet de mon état d'esprit, triste et dépressif ?

*

Pour les devoirs écrits, j'avais à ma disposition des copies spéciales à envoyer par la Poste une fois leur rédaction terminée. J'appréciais cette procédure, car je pouvais prendre tout mon temps. Certes, il y avait une date limite d'envoi mais, au bout du compte, je prenais plaisir à faire mes devoirs, et commençais à réfléchir plus sérieusement aux sujets demandés.

Une fois le travail achevé, il m'amusait de trouver le bon autocollant avec les références du devoir, et d'inscrire mon identifiant à onze chiffres, vu un peu comme un code secret. Les corrigés, malheureusement, mettaient plusieurs semaines à arriver. Pourquoi ? Peut-être que, sans s'être concertés, tous les élèves renvoyaient leurs copies en même temps. Parfois, avec mes parents, nous désespérions de les attendre si longtemps. Et quand ils nous parvenaient enfin, c'étaient par paquets épais de copies !

Comme dans toutes les écoles, les appréciations et commentaires étaient notés en rouge en haut de la feuille, ou dans sa marge. La grande nouveauté résidait dans le fait que, les professeurs ne me connaissant pas, ils corrigeaient mes devoirs de manière objective, et non pas comme mes anciens enseignants convaincus d'avance de mes inaptitudes. À mes yeux, l'anonymat était l'un des principaux avantages du système.

*

En m'inscrivant au CNED pour terminer ma 3e, je n'avais pas conscience des changements que cela entraînerait. J'avais imaginé que tout serait plus simple, et je m'étais lourdement trompée. Les efforts à fournir furent, au contraire, supérieurs. Au début, organiser mon temps comme une journée de classe n'a pas été simple ! Du jour au lendemain, j'ai dû renoncer au rythme confortable adopté à l'arrêt du collège, et à l'illusion que j'allais échapper aux études. Interdit, désormais, de traînasser des journées entières et de faire ce qui me passait par la tête. Je devais au contraire me discipliner et accélérer la cadence, puisque je disposais seulement de quelques mois pour maîtriser le programme.

Venir à bout de cette avalanche de devoirs afin de valider l'année de 3e représentait un défi, car jusqu'alors je n'avais pas appris à gérer mon temps de manière autonome. Les dates de rendu des devoirs fixées par le CNED imposaient un rythme soutenu. Désormais, toute ma vie s'organisait autour de ces échéances. Parfois, ces dernières empiétaient sur les vacances, ce qui me faisait râler. Pendant les congés de février, j'eus ainsi un devoir d'arts plastiques à poster le jour de notre retour. Il s'agissait d'étudier le tableau de Degas *L'Absinthe*, dont je me souviendrai pour le restant de mes jours. Géométrie de l'image, couleurs, lumière, croquis... Ce travail interminable s'ajoutait à tous les autres que j'avais à faire en maths, anglais ou français. Il m'a non seulement gâché une journée entière de vacances, mais aussi une partie de la nuit suivante !

*

Cette voie alternative à l'école « normale » n'était donc ni facile ni de tout repos, mais il me semble que ce choix fut le bon. L'expérience s'est révélée utile et intéressante. Utile, car elle m'a permis de comprendre beaucoup de choses sur moi-même et sur ma façon de travailler : si j'étais restée au collège, je n'aurais probablement pas réussi à améliorer la gestion de mon temps, ni repris plaisir à étudier. Intéressante, car j'ai découvert qu'il y avait une autre façon de vivre sa scolarité. L'enseignement à distance a réveillé mon côté autodidacte, tout en satisfaisant mon appétit de liberté. N'étant plus sous la surveillance des professeurs, ni soumise à un programme collectif, j'équilibrais mieux ma journée entre travail et loisirs. Si je devais résumer cette période, je dirais qu'elle m'a paru plus enrichissante que la précédente. Je ne subissais plus passivement un enseignement, j'étais devenue actrice de ma propre éducation. Et cela changeait beaucoup de choses à mes yeux. En particulier la vision de mes propres capacités. Bon pour la confiance !

*

À aucun moment je n'ai regretté ces deux années passées au CNED. La pression et le stress subis s'étaient peu à peu envolés. Je pouvais donc travailler dans de meilleures conditions et, surtout, ne plus avoir peur de me tromper devant les autres. Si des professeurs et des camarades de classe existaient quelque part, je ne les connaissais pas, ni ne les rencontrais. En revanche, je pouvais avoir un contact virtuel avec eux via le site du CNED, pour lequel j'avais un code d'accès utilisateur. C'était bien suffisant.

Aux ados confrontés à la phobie scolaire, comme je l'ai été à l'âge de 15 ans, je conseille donc de choisir cette voie. D'abord, parce qu'elle évite d'avoir à affronter l'objet de nos cauchemars, ce qui constitue une libération. Une fois débarrassé d'un tel poids, il devient plus facile d'avancer. À la double condition d'en avoir la volonté, et de ne pas se couper de toute vie sociale. Dans un second temps, cette nouvelle organisation permet de se retrouver, de remettre les choses à plat, et finalement de repartir de zéro. Ainsi, la reconstruction devient possible et l'avenir envisageable. Telle a été, en tout cas, ma façon de vivre ces deux années hors de l'école.

Chapitre 19

Quel lycée pour l'an prochain ?

Anne-Marie

Ma fille me prend pour l'enquiquineuse en chef, et ça ne m'étonne qu'à moitié : je ne suis jamais contente ! Si je suis provisoirement satisfaite d'avoir réussi à l'inscrire au CNED pour qu'elle termine sa dernière année de collège, j'espère maintenant arriver à la réintégrer dans le circuit normal pour son entrée au lycée, à la prochaine rentrée de septembre. D'abord parce que je ne trouve pas souhaitable qu'elle demeure trop longtemps isolée, car elle risque de se replier complètement sur elle-même, ensuite parce qu'il lui faudra renforcer ses bases si elle arrive jusqu'au bac. Or, j'estime que des leçons rédigées par des professeurs, même les plus pédagogues du monde, ne seront jamais aussi efficaces qu'un cours dispensé par un enseignant en chair et os, qui peut donner vie à sa matière, et auquel les élèves peuvent poser des questions. Et puis, ce que nous avons organisé autour de Justine depuis le début de l'année, ce n'est plus tout à fait la vraie vie, c'est une sorte de sas imaginé afin d'éviter la catastrophe, mais pas question qu'elle s'y installe durablement… Bref, je réfléchis déjà au coup d'après, tout en me demandant si je ne suis pas à la recherche du mouton à cinq pattes. Mais si moi je n'y crois pas, qui d'autre ?

*

Lorsque Justine a arrêté d'aller à l'école, nous avons vu ce qu'il en était des écoles « différentes » : elles ne sont accessibles qu'à quelques chanceux, compte tenu de leur petit nombre, de leur répartition géographique et de leur prix. Cette fois, mon objectif sera plus modestement de trouver une école « normale », mais à taille humaine, avec des classes à petits effectifs, condition nécessaire si je veux que ma fille, timide et phobique, accepte de retourner en classe. Ce ne sera déjà pas si simple de la convaincre. Et pour éviter que l'histoire se répète, j'ai besoin de l'associer pleinement à cette recherche, car elle refuserait à coup sûr de s'inscrire dans un lycée qui ne lui plairait pas. Un vrai coup de cœur, voilà ce qu'il lui faudrait !

*

« Privilégiez l'établissement plutôt que la formation », m'avait conseillé Mme V., l'ex-professeur principal de Justine, en nous recommandant un petit établissement professionnel privé proche de chez nous, le lycée G. Je lui avais promis que j'allais prendre contact avec ses responsables : avec Justine, nous allons y faire un tour à l'occasion d'une journée porte ouverte.

C'est un petit bâtiment construit après la Première Guerre mondiale autour d'une cour, proprette mais pas très gaie. Dans le préau, des élèves bien sous tous rapports, très polis et très souriants, présentent les différentes filières de formation de l'établissement : vente, commerce, service, comptabilité. Les filles sont en tailleur, chemisier strict et petits escarpins, les garçons en costume sombre, chemise, cravate, et bien sûr, chaussures de ville. Pas question ici de venir en baskets, d'arborer un piercing ou de porter une casquette : ce ne serait « pas professionnel », annonce le règlement intérieur. Tandis que je m'intéresse aux programmes et retire, à tout hasard, un dossier d'inscription auprès de la direction, Justine a déjà tranché. Hors de question pour elle de ne pas s'habiller comme bon lui semble, m'explique-t-elle avec véhémence ! Ce n'est certainement qu'un prétexte, mais que dire ? Quels arguments utiliser pour qu'elle aille rejoindre les enfants trop sages de cet établissement ? Elle n'ira pas au lycée G., et je ne suis pas certaine d'en éprouver de grands regrets.

*

Comment trouver un lycée pour lequel elle puisse éprouver un coup de foudre ?

Méthodiquement, je reprends contact avec tous les amis, collègues et autres connaissances qui ont eu maille à partir avec l'école, le collège ou le lycée, et je passe en revue les adresses qu'ils m'ont fournies, à commencer par celles compilées dans l'annuaire des écoles privées prêté par mon amie Sophie – toutes informations que l'on trouve aujourd'hui très facilement sur le web. Mais une fois de plus, la plupart ne font pas l'affaire, tant l'étiquette « boîte à bac » m'apparaît systématiquement à la lecture des descriptifs. Or, ma fille n'est pas un de ces cancres qui se moquent de l'école et qu'il faut mettre au pas par la méthode forte, bien au contraire. C'est une scrupuleuse qui manque de confiance en elle et craint toujours de ne pas arriver à faire ce qu'on lui demande. J'ai donc rayé la plupart des noms, gardé les autres dans un petit carnet, et cherché une méthode plus probante.

Toujours grâce à Sophie, j'ai appris qu'il existe à Paris plusieurs centres d'orientation du secteur privé, sur le modèle des centres d'information et d'orientation (CIO) publics, auxquels les familles font appel pour tenter de s'y retrouver parmi les nombreuses filières proposées par l'Éducation nationale. Aucun organisme, en revanche, n'a une vision complète du privé et du public : ces deux mondes ne se parlent pas ni ne se mélangent ! Une absurdité, et un obstacle supplémentaire qui vient compliquer un peu plus le chemin des enfants en mal d'école. Quitte à choisir entre les deux, j'imaginais à ce moment-là que les critères que nous avions fixés seraient plus facilement satisfaits dans une école privée que dans le public – point sur lequel j'ai eu l'occasion de changer d'avis, mais plus tard. Avec Justine, nous avons donc pris rendez-vous dans l'un de ces centres d'orientation, proche des Invalides. C'était un après-midi de mars, et un vent sibérien balayait l'esplanade.

*

Dès notre arrivée, nous avons été priées de régler notre « consultation pédagogique », censée durer quarante-cinq minutes, avant même d'avoir obtenu le moindre conseil : ça commençait bien ! Et ensuite… ce fut le bide absolu. Ma fille n'a pas du tout joué le jeu, répondant du bout des lèvres aux questions de la conseillère, qui semblait elle-même d'une humeur massacrante. Au bout de dix minutes d'un dialogue ponctué de grands silences, l'experte en écoles privées m'a donné l'impression de considérer Justine comme totalement idiote et irrécupérable. Et lorsqu'elle a compris qu'en plus, nous n'avions pas pensé à prendre les bulletins trimestriels de Justine des trois dernières années – ce que personne n'avait jugé utile de me demander lorsque nous avions fixé le rendez-vous – elle a pris l'air très fatigué, voire excédé, et nous a demandé de revenir une autre fois, avec les documents. L'entretien avait duré quinze minutes, montre en main, et nous ressortions sans la moindre information nouvelle. Choquées par cet accueil, nous ne sommes plus jamais revenues. Non seulement le courant n'était pas passé, mais j'ai eu la nette impression qu'on se moquait de nous. Sans compter que Justine, qui venait de découvrir les joies de l'enseignement par correspondance, n'avait pas la moindre envie de retourner dans un établissement classique. Ce n'est pas ce rendez-vous raté qui allait la convaincre du contraire !

Avec le deuxième centre d'orientation, situé dans le Quartier latin, j'ai eu nettement plus de chance. Persévérant malgré ma première expérience malheureuse, j'ai appelé pour obtenir un rendez-vous. Au bout du fil, une voix ensoleillée m'a posé un certain nombre de questions pour cerner le type de problème auquel nous étions confrontés, et me trouver le meilleur interlocuteur. Au fur et à mesure que nous parlions, elle me donnait des pistes, en éliminait d'autres – « Non, ça n'ira pas pour votre fille d'après ce que vous me décrivez » – et finalement, je n'ai pas eu à me déplacer, ni à payer une consultation (« Je ne vais pas vous faire payer juste pour quelques conseils ! »). Je me suis retrouvée avec trois adresses qui me plaisaient bien, et en tête de liste les coordonnées d'une école que j'avais conservées après avoir épluché l'annuaire du secteur privé : le lycée E. J'avais, entre-temps, lu un article louangeur sur cet établissement, qui avait la réputation d'avoir déjà fait revenir dans le giron de l'école nombre de brebis égarées. Fondé par un couple d'enseignants aux méthodes peu conventionnelles, ce lycée privé sous contrat avec l'État me donnait l'impression d'être un havre d'intelligence et de bonne pédagogie. J'ai emmené Justine voir son directeur, M. C.

*

Elle a tout de suite été emballée. Le lieu lui-même sortait complètement de l'ordinaire. Dans une rue perpendiculaire aux Grands Boulevards, le lycée était installé dans un ancien immeuble d'habitation, construit autour d'une cour pavée, dont les appartements avaient été transformés en salles de classe. Un vieil escalier de bois menait à des locaux tarabiscotés et des couloirs aux couleurs vives.

Dans son bureau qui ressemblait plutôt à un réduit, M. C. avait un sourire bienveillant. Il a commencé par écouter avec la plus grande attention l'histoire de Justine – elle parlait sans appréhension, cette fois – et quand elle a prononcé les mots de « phobie scolaire », il a hoché la tête d'un air compréhensif. Assise à côté de ma fille, je me suis mise à l'imaginer en train de renaître à l'école dans ce drôle de lycée. Mais il fallait pour cela passer un test de niveau. À ma grande surprise, Justine a tout de suite accepté d'y participer. « Si c'est dans ce lycée, je veux bien retourner à l'école », m'a-t-elle confié sur le chemin du retour. Elle avait eu le coup de cœur que j'espérais tant.

Seulement, à supposer que le niveau de Justine soit suffisant, ce dont je n'étais pas totalement certaine, il y avait une autre question, cruciale : celle du nombre de places disponibles, le lycée E. n'ayant que deux classes de 2de. Soit au grand maximum 70 places disponibles, peut-être même moins ! Or, la session de recrutement à laquelle participait Justine, le 31 mai, était loin d'être la première. D'autres avaient déjà eu lieu les semaines précédentes. Et quand nous sommes arrivées, le jour de l'épreuve, une foule d'adolescents à la mine sombre attendait déjà sur le trottoir et dans la cour pavée… En même temps que les quelque

200 autres postulants, notre fille est bravement partie défendre sa candidature. Lorsqu'ils eurent tous fini par disparaître dans les salles de classe, je constatai que les autres mères étaient aussi désemparées que moi. L'une d'entre elles, qui avait accompagné son fils, était au bord des larmes. « C'est mon dernier espoir, m'expliqua-t-elle entre deux sanglots, s'ils ne me le prennent pas, je ne sais plus quoi faire. »

Une quinzaine de jours plus tard, nous n'avons donc sûrement pas été les seules à ressentir un pincement au cœur en recevant une réponse négative. J'étais vraiment triste, et je m'en voulais un peu d'avoir donné à Justine un faux espoir. Je craignais qu'elle ne reparte dans une spirale négative, en se persuadant qu'elle ne serait jamais à la hauteur. J'ai rappelé le lycée pour demander des explications et des conseils à M. C., qui a accepté de nous donner un nouveau rendez-vous. « Les maths ne sont pas du tout au point, nous a-t-il expliqué. Ce ne serait pas rendre service à Justine de l'intégrer dans ce lycée, ce serait brûler les étapes. » Devant la déception de ma fille, il lui a fait une proposition. « Va passer un an dans un établissement que je connais bien, et reviens faire le test au printemps prochain. Pour t'aider en maths, je vais aussi t'envoyer une de mes anciennes élèves, Zoé, elle va te faire progresser. »

*

Le lycée dans lequel M. C. lui suggérait de s'inscrire l'an prochain nous avait aussi été conseillé par un couple d'amis, enseignants dans le secteur privé : il méritait donc un détour. Il s'agissait de l'Institut C., un établissement privé hors contrat – traduire : plus de 6 000 euros de frais de scolarité annuels – issu de la fusion de plusieurs « petits cours », comme on disait avant que l'enseignement privé ne devienne le *business* très lucratif qu'il est aujourd'hui.

Rendez-vous est donc pris avec le directeur pédagogique, M. B., mais le jour dit, Justine semble avoir décidé de tout faire pour lui déplaire. Une fois assises dans le métro, je constate qu'elle a choisi de mettre son jean le plus délabré, troué aux cuisses et gribouillé de graffitis au stylo-bille ! J'essaye de ne pas trop montrer combien cela m'énerve et me contrarie, tout en réfléchissant à la parade. Nous sommes un peu en avance : cela peut suffire pour trouver un pantalon neuf. Par chance, une marque américaine que Justine aime beaucoup, mais dont elle ne possède aucun article, a eu la bonne idée d'installer un de ses magasins dans la même rue que l'établissement où nous nous rendons. Je lui donne dix minutes, au bout desquelles elle ressort de la boutique, un grand sourire aux lèvres, vêtue d'un jean rouge pétaradant ! Le message est toujours aussi clair… Mais au moins, celui-là n'est pas miteux comme l'autre.

M. B. n'est pas un directeur pédagogique comme un autre et tient à le faire savoir. Il est aussi auteur de théâtre, excusez du peu. Aussitôt installées dans son bureau, nous voilà gratifiées d'une carte indiquant le lieu où se donne sa dernière pièce, et les dates des prochaines représentations. Ses cheveux sont décoiffés de façon très artistique, et il porte des vêtements plutôt cool, mais je remarque tout de suite que son regard n'a rien de particulièrement bienveillant. Il nous scrute attentivement, Justine et moi, et laisse le silence s'installer un certain temps (ah ! le théâtre...) avant de se lancer dans la présentation de l'établissement. De son discours, il ressort principalement qu'ici, on arrive à convertir au travail et à l'étude les élèves les plus paresseux, et qu'il règne une discipline rigoureuse. Les récalcitrants peuvent d'ailleurs être mis à la porte, même si leur famille a englouti une petite fortune pour les inscrire dans ce lycée de la dernière chance. Bref, il nous parle de discipline, dont les règles sont résumées dans une charte que chaque élève doit signer et respecter durant ses études, mais pas le moins du monde de pédagogie.

Justine et moi commençons à échanger des coups d'œil sérieusement inquiets. Ce M. B. ne tiendrait pas un autre langage s'il voulait nous dissuader d'inscrire ma fille dans l'institut qui l'emploie. Peut-être ce vénérable établissement, créé il y a une cinquantaine d'années, n'a-t-il d'ailleurs pas besoin de recruter de nouveaux candidats, étant déjà pris d'assaut par des hordes de parents ne sachant plus à quel saint se vouer face aux résultats catastrophiques de leur progéniture ? Mais le directeur pédagogique, en bon connaisseur des règles de la dramaturgie, a gardé le meilleur pour la fin. Il faut, nous explique-t-il, créer un esprit collectif au sein de chaque classe en début d'année. Comme nous hochons la tête d'un air interrogatif, il nous dévoile le clou de sa présentation : la rentrée commence par un séjour « à la dure » dans le désert marocain avec au programme des kilomètres de marche à pied, sac au dos, des nuits à la belle étoile, et des veillées auprès du feu de camp. Tu seras un homme, mon fils ! Et toi aussi, ma fille...

Rester ne servirait plus à rien. Nous saluons aussi courtoisement que possible M. B., en le remerciant pour le temps qu'il nous a consacré. Nous repartons avec un dossier d'inscription, une liste de lectures pour les vacances, et deux cartons pour la représentation de théâtre. Quant à Justine, elle n'a pas tout perdu, puisqu'elle repart aussi avec un jean neuf. Très rouge, mais neuf. De retour dans le métro, nous nous regardons en éclatant de rire. Il est temps de la rassurer : « Maintenant, tu sais ce que c'est, une boîte à bac ! Moi vivante, on ne t'enverra jamais dans un endroit pareil. »

Chapitre 20

Au secours, ils sont tous fous !
Justine

Quand j'ai arrêté d'aller au collège, j'ai cru que ma mère avait accepté pour de bon mon idée de ne plus jamais remettre les pieds en classe, puisque je constatais que cela n'avait pas créé de drame à la maison. Tout le monde était gentil avec moi – bien plus qu'avant ! –, le CNED était une école de remplacement semblant convenir à tout le monde, ma nouvelle vie me plaisait : je ne voyais pas pourquoi ce bonheur ne pourrait continuer encore longtemps. J'avais tout faux. Ce nouvel environnement scolaire n'était, aux yeux de mes parents, qu'une solution provisoire. Après quelques semaines, j'ai réalisé que maman s'était fixé un nouvel objectif : me réinscrire dans un lycée dès la rentrée suivante. Et quand maman a une idée en tête... difficile de lui résister ! Il fallait au moins lui laisser croire que cette option pouvait m'intéresser.

Du coup, j'ai été obligée d'aller visiter avec elle les établissements un peu bizarres qu'elle avait sélectionnés. Cela ne m'enchantait guère, mais je l'accompagnais. Et à la longue, j'ai fini par trouver instructif et même amusant de visiter des lycées qui n'avaient rien à voir avec ceux que je connaissais, ni même avec ce que j'avais envie de faire plus tard. Mais plus nous en visitions, plus ma certitude d'avoir fait le bon choix en poursuivant une scolarité à la maison se renforçait. À ce stade de l'histoire, je n'envisageais pas un instant de retourner en classe. Non seulement je ne me sentais pas prête, mais je n'imaginais même pas que cela soit possible un jour. Maman et moi n'étions vraiment pas sur la même longueur d'ondes.

*

D'abord, elle a essayé de me « vendre » un lycée professionnel proche de notre domicile. C'est drôle, parce que, souvent, j'ai pensé qu'il serait plus intéressant d'apprendre un métier pour entrer dans la vie active, plutôt que d'assimiler par cœur des matières auxquelles je ne voyais aucune utilité. Mais sans doute s'agissait-il d'un raisonnement un peu abstrait. Une fois au pied du mur, je n'ai pas été franchement tentée de m'engager dans cette voie. D'abord, je me suis aperçue qu'en réalité je ne savais pas du tout quel métier je voulais exercer. La comptabilité ? Le secrétariat ? La vente ? C'était ce qu'on enseignait dans cet établissement. Mais ces activités se trouvaient à des lieues de mes préoccupations et ne m'inspiraient en rien. Je n'arrivais pas à me projeter dans ces métiers-là, dont je ne connaissais d'ailleurs pas grand-chose. Je n'imaginais pas ce que cela signifierait, ni quelle serait ma vie si je prenais cette voie. Peut-être ne voulais-je pas entreprendre cet effort ? Peut-être n'étais-je pas capable de le faire à ce moment de mon existence ?

Pour refuser cette solution, j'ai pris prétexte de la façon dont les garçons et les filles de l'établissement étaient habillés. Il ne s'agissait pas vraiment d'un uniforme, mais tous étaient vêtus selon un code très strict, « professionnel », comme indiqué sur le portail. Ainsi affublés, ils m'ont paru tristes et peu attirants : je n'avais aucune envie de les avoir comme camarades. Mes codes à moi, c'étaient ceux de l'adolescence, et je ne comptais pas les abandonner immédiatement. Je n'avais aucune intention de porter des escarpins ou une jupe au genou, et encore moins de m'affubler d'un serre-tête. Dans mon esprit, j'étais un peu punk, un peu rock'n'roll, je rêvais d'un tatouage – je me le suis offert pour mes 18 ans afin de prouver que je pouvais faire des choses sans l'accord de maman – ou encore d'un piercing. Ce que j'ai également fait, pour mes 20 ans.

*

Sans me le reprocher en permanence, ma mère n'appréciait pas tellement mon look. Mais la fois où nous sommes allées visiter l'Institut C., elle a piqué une colère comme rarement. Ce jour-là, j'avais enfilé le premier pantalon qui me passait sous la main, mon vieux jean troué aux genoux. Je n'avais pas spécialement l'intention de jouer la provocatrice en m'habillant de la sorte : c'était juste le pantalon dans lequel je me sentais bien. Et comme je n'avais pas pour objectif de plaire au directeur, puisque je ne souhaitais en rien retourner à l'école, je ne voyais pas où était le problème. Mais quand ma mère s'en est aperçue dans le métro, j'ai cru qu'elle allait en faire une maladie. En arrivant près de l'école, elle m'a poussée dans le premier magasin pour acheter un pantalon neuf. Une sacrée aubaine ! Depuis longtemps, je rêvais d'avoir un fute rouge, et c'est exactement ce que j'ai réussi à me faire offrir. Je l'ai choisi écarlate. Pourquoi ? Parce qu'il me plaisait et que cette couleur me donnait plus d'assurance. Maman semblait se demander si elle avait fait une bonne affaire, mais moi, j'étais ravie de l'opération.

C'est dans cette tenue que j'ai débarqué dans le bureau du directeur pédagogique de l'Institut C. Le personnage, étrange, me faisait un peu peur. Il me regardait comme si j'étais une bête curieuse ; on aurait dit qu'il essayait de voir à l'intérieur de moi, mais en fait, il ne voyait rien du tout et ne comprenait rien à ce qui m'était arrivé. J'avoue que, durant cet entretien, j'ai seulement écouté d'une oreille ce qu'il disait, puisque je ne me sentais pas concernée. Le peu que j'ai entendu n'était pas du tout pour me plaire. Le lycée avait l'air d'être surtout fréquenté pas des garçons qui ne voulaient pas travailler, qui parlaient mal, fumaient et qu'il fallait empêcher de se droguer. Bref, tout ce que je déteste. Jamais je n'aurais pu aller en classe dans des conditions pareilles, pas même une seule journée. Et le stage paramilitaire pour commencer l'année scolaire ! Quelle idée ! Du n'importe quoi. Quitter mon cocon pour aller marcher dans le désert avec des psychopathes ? Non, merci.

*

Pour moi qui travaillais à la maison, ces visites étaient surtout une occasion de me promener dans Paris et de découvrir des quartiers, du côté de la place de la République ou derrière les Grands Boulevards. Pourtant, une fois, je me suis laissé séduire. J'ai eu un véritable coup de cœur pour le lycée E. M'ont plu d'emblée sa petite taille et le caractère intimiste de l'établissement. Le directeur aussi. Il m'a accueillie de façon bienveillante et semblait soucieux du bien-être de ses élèves. Sur les murs du couloir, avant d'arriver à son bureau, étaient accrochées des photos de carnaval où l'on voyait les élèves et professeurs déguisés, et d'autres, prises lors d'une classe de neige. Il paraissait évident qu'ici tout le monde s'entendait bien et s'amusait en travaillant. Le truc dont chacun rêve ! Surtout moi…

Et voilà comment je me suis retrouvée, un jour, au milieu d'une quantité d'autres collégiens pour passer les tests d'entrée en 2de, malgré ma foutue phobie scolaire. Nous étions très nombreux et leur présence m'angoissait légèrement, mais j'essayais de ne pas trop faire attention et de me concentrer sur les épreuves. Je n'ai pas essayé d'aller vers eux, même si je me demandais quel avait été leur cheminement avant d'atterrir ici. Nous étions installés au rez-de-chaussée, dans une grande salle donnant sur une cour pavée assez ancienne, et surveillés par des élèves de terminale et d'anciens élèves. Les tests ont duré la journée. Au programme, des épreuves de français, de maths, et d'anglais. Que j'ai fait de mon mieux, malgré le stress.

Ces exercices m'ont paru plutôt durs, mais je pensais avoir sauvé les meubles. Lorsque j'ai appris que je ne serais pas prise, j'ai ressenti un peu de tristesse – un joli rêve s'envolait –, mais cela ne m'a pas énormément étonnée. N'ayant pas confiance en moi, je ne m'attends généralement pas à obtenir des résultats positifs.

Ma mère insista pour revoir le directeur après avoir reçu les résultats, afin de comprendre pourquoi je n'avais pas été admise. Je crois qu'elle était encore plus déçue que moi. Il m'a conseillé de m'améliorer en maths, ce qui me paraissait une mission quasiment impossible, et de revenir l'année suivante passer les tests d'entrée en 1re. Cependant, passer ces examens n'a pas été tout à fait inutile. J'ai découvert que j'étais capable d'avoir envie d'aller dans un lycée. Et qu'il existait à Paris un établissement où pouvaient s'éloigner mes peurs et mes doutes. Je ne m'en suis pas rendu compte tout de suite, mais quelque chose était en train de germer.

Grâce à cette expérience, j'ai pris conscience que si je devais un jour réintégrer un établissement, ce serait impérativement une petite structure, avec peu d'élèves. Je n'ai pas réussi les tests cette année-là, pas plus que la suivante, mais ils m'ont remise en selle. Autre enseignement : quoi que je fasse plus tard, je devrais sans faute combler les lacunes qui m'avaient fait obstacle alors. Au final, je n'avais pas perdu mon temps.

Chapitre 21

Le complot d'une mère

Anne-Marie

Quand elle a cessé d'aller au collège, Justine a prétendu que cela ne l'intéressait pas de passer le brevet, pas plus que le baccalauréat ou tout autre diplôme. C'était sa façon à elle de se persuader qu'elle assumait toutes les conséquences de sa rupture scolaire. Elle voulait travailler, gagner de l'argent, être indépendante ! Bref, tout ce qu'il est impossible de faire lorsqu'on n'a ni diplôme, ni qualification. Son attitude n'était qu'une façade, masquant difficilement le profond désarroi dans lequel elle était plongée, et l'incapacité dans laquelle elle se trouvait de faire un choix quelconque. Mais comment convaincre une adolescente en crise qu'elle se fourvoie, qu'elle s'en mordra les doigts plus tard, qu'elle va gâcher sa vie ?

J'ai bien essayé de la raisonner : peine perdue. Elle avait déjà accepté de poursuivre sa scolarité cette année, clause non négociable de notre accord diplomatique, aux termes duquel « on peut ne pas aller en classe, mais on n'a pas le droit de ne pas continuer à étudier ». Et finalement, tout avait été mis en place pour que cet objectif puisse se réaliser. Mais pour le brevet ? Je n'avais rien à attendre d'une réouverture immédiate des négociations. Justine avait déjà fait une concession énorme en acceptant de continuer à étudier dans des conditions aussi acrobatiques. Il ne me restait plus qu'une seule option : l'action secrète !

*

En inscrivant Justine au CNED, j'avais été en contact avec l'inspection académique des Hauts-de-Seine, dont il fallait au préalable obtenir l'autorisation. Une dame charmante, compétente et chaleureuse m'avait avertie dès notre premier coup de fil : le CNED ne s'occupait pas de l'inscription de ses élèves aux épreuves du brevet. Il fallait que je m'en charge personnellement, et vite. Car la date limite était le 31 janvier, je n'avais donc plus que quelques jours devant moi. Après une brève hésitation, j'ai décidé de transgresser la volonté de ma fille en faisant le pari qu'au moment des épreuves, programmées cette année-là les 26 et 27 juin, elle aurait repris un peu de confiance en elle, et accepterait d'y participer. Au pire, si elle refusait de le faire, j'aurais rempli un dossier pour rien : je n'avais pas grand-chose à perdre. Quant à elle, elle avait tout à gagner. Si elle parvenait à sauter l'obstacle, ce que j'estimais parfaitement à sa portée malgré sa scolarité chaotique, ce serait pour elle un véritable motif de fierté. Cela lui apporterait aussi la preuve irréfutable qu'elle était capable de réussir les mêmes choses que les autres adolescents de son âge. Bon pour sa confiance, bon pour la suite de ses études !

Évidemment, je n'étais pas tellement fière de devoir recourir à de tels stratagèmes. À part pour le Père Noël et la petite souris, je n'ai jamais raconté d'histoires à mes enfants. Il m'a toujours semblé qu'à tout âge, on devait avoir droit à la vérité, éventuellement simplifiée, expurgée de ce qu'elle a parfois de scabreux, mais qu'on y avait droit. Là, j'avais un véritable cas de conscience. Sur le principe, je haïssais cette mère – moi ! – qui complotait dans le dos de sa fille, je la trouvais horripilante et manipulatrice. Ce n'était vraiment pas joli d'agir ainsi. Mais en même temps, j'étais persuadée que ce brevet pouvait être un levier puissant pour la remise en selle de Justine. Si elle l'obtenait, il pourrait même lui donner des ailes pour aller jusqu'au bac, perspective à laquelle je m'étais interdit de penser jusqu'à présent ! J'ai donc choisi d'être pragmatique, et de ne pas prêter l'oreille à la mauvaise conscience qui me tarabustait. Et j'ai tenu bon.

*

Des circonstances que je n'avais pas anticipées m'ont obligée à dévoiler mon jeu un peu plus tôt que prévu. Parallèlement au brevet, les collégiens de 3e sont amenés à passer une autre épreuve, de nature extrascolaire, le Brevet de sécurité routière (BSR), qui donne le droit de conduire une mobylette. Pas bête. Dans la pratique, les deux inscriptions se font en même temps. Le BSR prépare à l'Attestation scolaire de sécurité routière (ASSR), que les élèves passent en classe de 1re, et qui est lui-même nécessaire pour se présenter au permis de conduire automobile. Cet examen se déroule dans une salle de projection où défilent des images illustrant différents points du code de la route, et les candidats doivent cocher les bonnes réponses sur un questionnaire. Rien de très compliqué, donc. Rien de bien stressant non plus. Nettement plus ludique que celles qui allaient suivre, cette première épreuve a servi à Justine de galop d'essai pour le « vrai » brevet. Voici comment.

Arrivée par la poste juste après les vacances de printemps, la convocation de Justine au BSR m'a obligée à lui raconter ma supercherie. Pour ne pas perdre sa confiance, il fallait jouer finement : je ne voulais surtout pas qu'après s'être mise en bon ordre de marche pour terminer sa 3e et faire son entrée au lycée l'année suivante, elle prenne ma manœuvre pour une trahison, et lâche tout dans un mouvement d'humeur. D'autant qu'elle aurait été en droit de le faire : mon seul argument résidait dans un avenir lointain dont elle n'avait pas encore la moindre idée, tellement hypothétique qu'il ne pouvait en aucun cas servir de gage de ma bonne foi. Nous étions encore à deux mois du brevet, et nous avons joué cartes sur table. Passé sa première réaction de surprise – elle était vraiment estomaquée que j'aie pu faire ça –, Justine a accepté de se présenter au BSR : elle en aurait de toute façon besoin pour obtenir l'ASSR, puis le permis. Mais elle ne voulait pas encore s'engager pour la suite. Elle aussi commençait à bien comprendre l'art de la négociation et du donnant-donnant ! S'il fallait y aller pas à pas, le premier était en tout cas encourageant : pour la première échéance, ma fille ne faisait pas de blocage, ce qui était déjà un sacré succès. Jusque-là, tout allait bien !

*

Arrive le moment de la convocation. C'est un joli jour de début juin, très lumineux, et je me suis organisée pour pouvoir l'accompagner. Ma crainte est bien sûr qu'elle ne change d'avis au dernier moment. Dans ma petite voiture, nous partons donc toutes les deux à la recherche d'un collège que nous ne connaissons pas, dans une localité qui ne nous est pas familière. Même si j'ai étudié l'itinéraire, j'essaye de donner à ce trajet le caractère d'une expédition amusante, et sans grande conséquence. Au cas où Justine serait « recalée », cela n'aurait de toute façon pas la moindre incidence sur l'obtention de son brevet.

Nous arrivons devant le collège dans lequel se déroulent les épreuves. Des groupes d'adolescents attendent devant les portes. Du coin de l'œil, je surveille ma fille. Ira, ira pas ? Récemment, nous nous sommes rendues en autobus à un salon étudiant. À un arrêt, un groupe de collégiens bruyants est monté dans le véhicule en parlant fort, en riant et en se bousculant. J'ai vu Justine devenir livide en l'espace de quelques secondes, et j'ai même cru qu'elle allait descendre à la station suivante. Mais elle a tenu bon jusqu'à notre arrivée.

Dans ce collège inconnu, allait-elle pouvoir s'asseoir à côté des autres ? Le contexte était totalement différent du lycée E. où elle avait déjà passé des tests. Après qu'un surveillant eut fait signe aux candidats d'entrer, j'ai encore attendu une dizaine de minutes, pour m'assurer qu'elle ne ressortait pas. Et puis, je suis partie à mon travail. Surprise : quand nous nous sommes retrouvées le soir, Justine était rayonnante. Non seulement elle pensait avoir « réussi » son BSR – déjà une bonne nouvelle pour son moral – mais elle avait fait une découverte intéressante. Le centre d'examen où elle avait été convoquée était réservé… aux élèves du CNED. Et donc forcément, parmi ceux qui passaient ce jour-là la même épreuve, il devait y avoir d'autres adolescents atteints de phobie scolaire. Peut-être même beaucoup d'autres. Trop timide, elle n'avait évidemment pas songé à engager la conversation avec eux. Mais ils lui avaient donné l'impression d'être aussi peu confiants qu'elle ne l'était. Elle les avait reconnus comme ses semblables. Ce jour-là, elle a enfin pris conscience que d'autres jeunes de son âge se débattaient dans les mêmes difficultés qu'elle. Ce BSR, dont l'utilité m'était apparue assez mince au départ, lui avait fait faire un grand pas en avant, et donné l'envie de continuer.

*

Depuis l'inscription de Justine au CNED, il n'y avait plus eu de vacances qui tiennent, ni de jours de week-end, à l'exception de la semaine de ses 16 ans, fin avril, où nous l'avions envoyée passer quelques jours chez une cousine italienne qui avait la bonne idée d'habiter à Rome, et qui l'avait invitée. Avoir 16 ans en se promenant sur la piazza Navona ou près de la fontaine de Trevi ! Une belle récompense pour le travail qu'elle avait déjà fourni. En guise de cadeau d'anniversaire, nous lui avions acheté le billet d'avion pour la capitale italienne, avec à la clé sept jours de décompression sans le moindre devoir, dans une des plus belles villes du monde. Il fallait bien qu'elle souffle et qu'elle profite un peu de la vie, avant son sprint final.

Car l'objectif restait difficile à tenir, et rien n'était gagné d'avance. D'autant que Justine avait en tête d'autres échéances qu'elle ne voulait en aucun cas saboter, comme son spectacle de danse de fin d'année, programmé quinze jours avant le brevet. Sa préparation nécessitait de nombreuses répétitions que je trouvais terriblement chronophages, tout en essayant de m'abstenir de toute remarque afin que le fragile équilibre obtenu ne vole pas en éclats au moment critique. Durant ce mois de juin, nous avons vécu dans un tourbillon, mais cela ne semblait pas déplaire à Justine : le vide dans lequel elle s'était retrouvée en quittant l'école était désormais comblé, au-delà de toute espérance.

*

Sacré tour de force. À dix jours du brevet, la neuvième série de devoirs que Justine s'était engagée à envoyer au CNED était enfin partie par la poste ! Peu après, nous recevions l'avis du conseil de classe, favorable à son passage en 2de générale littéraire (L) ou économique et sociale (ES). De quoi doper le moral de l'élève Justine autant que celui de ses parents. Au-delà de son passage au lycée, c'était pour nous une redistribution des cartes qui allait peut-être permettre à notre fille de ne pas végéter dans une filière qui ne l'intéressait pas. En effet, cet avis du CNED annulait et remplaçait les conclusions mentionnées sur le bulletin de fin de 4e, autorisant son passage en 3e « en vue d'une orientation en filière professionnelle » : il lui donnait le temps de sortir de sa crise, et de réfléchir tranquillement à ses choix futurs lorsqu'elle serait en mesure de le faire. Du point de vue de Justine, cette bonne nouvelle arrivait à point nommé, à quelques jours des épreuves du brevet : déjà certaine de passer en 2de, ce qui était inimaginable pour elle huit mois plus tôt, pourquoi ne se présenterait-elle pas et ne l'obtiendrait-elle pas ? Ce serait la cerise sur le gâteau.

*

Les quelques vrais amis que Justine avait laissés dans son ancienne école et qu'elle voyait encore étaient en train de préparer leur brevet. Dopée par ces premiers succès, c'était décidé, elle allait faire comme eux ! Le vilain petit canard avait enfin trouvé comment parvenir au même endroit que les autres en empruntant un chemin différent, sans être exposé à leurs moqueries. Peut-être même en étant l'objet d'une certaine admiration de leur part, pour avoir osé franchir la ligne jaune de la transgression. Cela se voyait : Justine était gonflée à bloc. Le programme, elle le connaissait. Les derniers dix jours où elle n'avait plus de devoirs à faire, elle les avait utilisés pour réviser. Au menu : français, maths, histoire-géo-éducation civique. Rien de plus, rien de moins. Restait à affronter le plus dur : retourner s'asseoir dans une vraie salle de classe, semblable à celle qu'elle avait définitivement quittée, à côté d'autres adolescents, pour plancher sur les sujets du brevet 2008. Après avoir planché pour les tests d'entrée au lycée E., je prenais le pari qu'elle en serait capable.

*

Difficile de dire laquelle de nous deux avait la gorge la plus serrée tandis que nous longions les rives de la Seine, installées dans l'autobus qui nous emmenait vers le lieu de la convocation. Hier encore pleine d'énergie à la maison, Justine avait ce matin les lèvres et le visage complètement blancs. On aurait dit que tout son sang avait reflué. Je tentais de la réconforter en lui racontant mille bêtises, mais cette fois, le stratagème était devenu inopérant. À regarder cette fille qui, voici huit mois, était bien décidée à ne pas se présenter à un seul examen de sa vie, je la sentais aujourd'hui sur le fil du rasoir. Ce brevet voulait vraiment dire quelque chose pour elle. Courageusement, elle s'était remise en question, elle avait accepté de se mettre en danger en se présentant malgré tout aux épreuves. En cas d'échec, c'est tout l'édifice qui risquait de s'effondrer, à commencer par son début de confiance retrouvée. Il fallait qu'elle réussisse.

J'ai embrassé Justine très fort en prononçant quelques mots d'encouragement, et elle est rentrée dans le collège où se déroulait l'examen. Je suis restée un moment à contempler la façade de ce petit établissement de la banlieue Ouest, puis j'ai fait les cent pas dans la rue, l'œil toujours rivé sur le porche d'entrée, pour ne pas la rater au cas où elle ressortirait dans le premier quart d'heure. J'avais le cœur qui battait vite. Peu à peu, il s'est calmé. Justine ne ressortait pas. Comme les épreuves se déroulaient toute la journée, ainsi que le lendemain matin, j'avais prévu de demeurer sur place afin de pouvoir déjeuner avec elle et lui regonfler un peu le moral si besoin était. Je me suis installée au café qui faisait face au collège et j'ai sorti mes dossiers en attendant midi.

Comme convenu, Justine m'a rejointe directement. Elle avait l'air beaucoup moins stressée qu'en arrivant le matin. « Tu sais quoi, il y avait une salle réservée pour le CNED », m'a-t-elle raconté tout en s'installant. J'ai aussitôt compris pourquoi tant d'autres parents avaient attendu leurs enfants, comme moi, toute la matinée. Normalement, personne ne fait ça pour un élève qui va passer son brevet. Sauf s'il souffre de phobie scolaire et que participer à un examen lui rappelle l'école qu'il a fuie. Justine n'avait pas l'air mécontente de son travail. Après déjeuner, nous sommes ressorties, je l'ai embrassée, et j'ai repris mon bus, complètement rassurée. Tout irait bien cet après-midi, et le lendemain matin aussi.

*

Dix jours plus tard – le mois de juillet, déjà –, je ne tiens plus en place dans mon bureau, impossible de me concentrer sur mon travail. Les résultats du brevet sont prévus à 10 heures sur le site du service interacadémique des examens et concours, le SIEC : il suffit de se connecter, d'entrer le nom et le mot de passe de l'élève, et… rien ne se passe. J'imagine que tout le monde arrive en même temps sur le site, et qu'en conséquence, personne ne parvient à obtenir l'information. La machine est bloquée. Cinq minutes de retard, un quart d'heure, une demi-heure… Si ça continue, je vais avoir une apoplexie ! Sous le regard un peu inquiet de ma collègue de bureau, je me lève pour faire les cent pas et me rassois toutes les deux minutes pour voir si les résultats s'affichent enfin. Soudain, l'ordinateur accepte de répondre à mes sollicitations, et je lance un « ouiiiiiii !!!! » digne d'un commentateur de foot un jour de Coupe du monde quand son équipe nationale marque un but. Elle a réussi… Cette année, 684 000 élèves se sont présentés au brevet en série collège, et 565 000 l'ont obtenu. Ma fille en fait partie, et ce n'est pas rien.

Chapitre 22

Le brevet malgré moi
Justine

Un coup de fil de maman m'a appris que j'étais reçue au brevet. Elle était tellement contente qu'elle en pleurait presque ! Elle s'était connectée à Internet depuis son bureau ; moi, de mon côté, je n'avais même pas tenté d'accéder aux résultats. Sans doute par superstition, sans doute aussi parce que j'essayais de me convaincre qu'il ne fallait pas accorder trop d'importance à cet examen. Une façon de relativiser, de limiter d'avance la déception, en cas d'échec. Restée à la maison, je faisais – sans succès – passer le temps par n'importe quel moyen alors que, en réalité, je ne tenais pas en place. L'estime de soi était en jeu, et elle en aurait sûrement pris un coup si je n'avais pas eu le brevet. C'est pourquoi, quand maman m'a appelée, je me suis sentie, comme elle, très heureuse. J'avais enfin la preuve que je pouvais y arriver comme les autres. Après avoir raccroché, j'ai appelé successivement toutes les personnes qui comptent pour moi afin de leur apprendre la bonne nouvelle : mes grands-parents, ma tante, mes cousins, quelques amis… J'avoue que j'étais assez fière. Et que ce sentiment me procurait un vrai plaisir.

*

Je ne me souviens pas comment maman avait réussi à me persuader de passer les épreuves tant, au début, je n'en avais aucune envie. Peu après mon départ du collège, elle avait évoqué dans une conversation le brevet et, par la suite, la nécessité de décrocher le baccalauréat. J'avais répondu par la négative, persuadée, dans ma bulle, que je trouverais un job sans diplôme, illusion d'adolescente. Mais ce n'était pas les examens que je rejetais. Inconsciemment, je ne voulais surtout plus avoir affaire aux personnes de mon âge. N'ayant encore passé aucun examen ni test d'entrée, la seule idée de me retrouver dans la même salle que d'autres élèves lors des épreuves me terrorisait.

Quand maman a avoué m'avoir inscrite dans mon dos, j'ai d'abord été surprise car, d'habitude, elle ne se montrait pas cachottière. J'ai mis un peu de temps à me faire à l'idée, et me suis même demandé un moment si j'allais réellement me présenter. J'étais partagée. D'un côté, la mise à l'épreuve me tentait, comme l'occasion même de prouver mes capacités, de l'autre je craignais l'échec, l'examen m'apparaissant telle une montagne complexe à gravir. Un dévissage m'aurait rendue encore plus malheureuse. Comment décider ?

*

La semaine de vacances à Rome que mes parents et ma cousine Giusi m'avaient offerte pour mes 16 ans m'a aidée à trouver le courage nécessaire. Cette cousine, dont je me sens très proche, m'avait déjà invitée une première fois, mais à l'époque j'avais surtout été sensible aux glaces, à la cuisine italienne et à l'atmosphère joyeuse. Cette fois, je voulais tout voir ! Ma mère m'avait acheté un guide et chaque soir, dans mon lit, je dressais la liste des monuments que je comptais visiter le lendemain. À la fin du séjour, j'étais devenue incollable sur la basilique Saint-Pierre, le Capitole ou le Forum romain.

Le jour même de mes 16 ans, Giusi m'a invitée à déjeuner dans un petit restaurant assez élégant, avant de m'entraîner dans une séance de shopping à la recherche de mon cadeau d'anniversaire. Je suis rentrée avec une magnifique paire de ballerines argentées. Un présent de princesse !

Pendant une semaine, j'ai vécu une sorte de *dolce vita* sans penser à rien d'autre, et chassé de ma tête les soucis accumulés depuis la rentrée. Avec ma cousine, nous n'avons pas parlé de mes études, du brevet, ou de ce que j'allais faire plus tard ; j'ai apprécié. Elle m'a traitée comme s'il ne s'était rien passé, comme si mon accident de parcours n'avait pas la moindre importance. Ou plutôt comme si elle et moi étions au-dessus de cela. Et ça m'a fait un bien fou. Toutes les deux, nous avons discuté des garçons, de la vie, de Rome. Une vraie complicité s'est installée. Durant cette semaine magique, j'ai fait le plein de soleil et je me suis ressourcée. En rentrant, il me semblait avoir grandi et mûri. Je me sentais plus forte.

*

Quand il s'est agi de passer le Brevet de sécurité routière, peu après ces vacances, j'éprouvais bien sûr une petite appréhension, mais sans plus. Cette épreuve ne représentait rien de particulier pour moi. Curieusement, la présence des autres ne m'a même fait ni chaud ni froid. Ils étaient à mes yeux transparents, tant j'étais concentrée sur l'épreuve. Le centre d'examen était réservé aux élèves du CNED, ce qui m'a rassurée. Je savais les autres candidats dans la même galère et n'avais donc rien à redouter de leur part. C'était aussi simple que ça.

Ensuite, les événements se sont enchaînés de façon presque naturelle. Avant le brevet, j'ai reçu l'avis de passage en 2de du CNED, ce qui m'a procuré une certaine fierté. Depuis mon départ du collège, j'obtenais pour la première fois une preuve de mes capacités. Le résultat m'a redonné confiance et rassurée sur mes chances. Si j'avais acquis les connaissances suffisantes pour passer en 2de aux yeux des professeurs du CNED, pourquoi ne réussirais-je pas cet examen ? Après cet avis favorable, je commençais enfin à envisager la possibilité de poursuivre des études au lycée. En revanche, j'étais encore loin de m'imaginer de retour dans une salle de classe. Je ne me sentais toujours pas prête à affronter d'autres élèves.

*

Le jour du brevet, je me suis levée plus ou moins sereine, mais à mesure que j'approchais du lieu de l'examen, l'appréhension et le doute s'immisçaient en moi. Malgré les révisions, je n'étais pas convaincue de ma capacité à restituer mes connaissances une fois devant ma copie. À quoi devais-je m'attendre ? Est-ce que cela ressemblerait à un simple contrôle de connaissances ? Quant aux élèves, je redoutais leur présence. Lorsque je suis entrée dans la cour, je n'en menais donc pas large, mais en me dirigeant vers la salle d'examen, j'ai aperçu une feuille placardée sur la porte. Il était écrit : « Élèves du CNED ». D'un coup, mon appréhension s'est envolée. J'ai même pu regarder certains élèves autour de moi, qui m'ont paru plutôt sympathiques, et osé parler à une autre fille, ce que je n'aurais jamais imaginé auparavant.

À l'examen, les questions posées m'ont paru assez difficiles, pourtant je n'ai pas eu de mal à me concentrer. Quand j'ai rejoint maman au restaurant, j'étais soulagée que la première partie soit terminée, avec le sentiment de bien m'être sortie de l'épreuve. Mais j'étais groggy, comme si j'avais fait de l'apnée en mer. En repartant vers les épreuves suivantes, j'étais un peu plus rassurée. Sans être certaine de réussir, j'avais la satisfaction d'avoir accompli le plus délicat : pénétrer dans la salle, et m'asseoir à côté des autres. Au bout des deux journées, j'étais épuisée, mais contente d'être parvenue à m'aligner sur la ligne de départ, contente de ne pas avoir déclaré forfait en cours de route !

*

Mes appréhensions et mon manque de confiance, je les avais surmontés pour passer un examen qui, au fond, n'était pas très dur, mais imaginé inaccessible quelques mois plus tôt. Ma mère m'avait poussée, inscrite malgré moi. Pourtant, en cas de refus, elle n'aurait pu m'obliger à me présenter. Si je l'ai fait, ce n'est pas pour lui faire plaisir, mais pour moi, rien que pour moi. En arrêtant le collège, j'avais fait cesser mes souffrances et m'étais mise à l'abri. S'il fallait un certain courage pour prendre ce genre de décision, c'était tout de même les autres qui avaient gagné, puisque j'avais disparu de leur vie. Me prouver combien j'étais capable de passer le brevet comme eux constituerait ma revanche.

En apprenant mon succès, j'ai donc ressenti un vif soulagement. Ce défi personnel, je l'avais remporté. Et, d'un coup, le regard des autres sur moi a commencé à changer. S'ils pensaient que j'avais arrêté le collège parce que j'étais incapable de suivre des études, ou parce que je ne voulais pas travailler, je leur démontrais enfin qu'ils se trompaient.

Après l'obtention du diplôme, j'ai reçu beaucoup de félicitations. Celles de ma famille, que mes parents avaient réunie pour fêter l'événement, m'ont particulièrement émue. Je n'étais plus la pauvre Justine qu'il faut protéger, mais la Justine qui réussit. Et c'était sans doute ma plus belle victoire.

Chapitre 23

On ne change pas une équipe qui gagne

Anne-Marie

Fini le collège ! Avec son brevet en poche et son année de 3e officiellement validée, Justine vient de franchir les deux obstacles devant lesquels elle avait commencé par caler à la rentrée. Quant à notre fils, Simon, auquel nous n'avons eu à offrir que très peu de disponibilité tout au long de cette année scolaire, il a brillamment décroché le BTS en arts appliqués qu'il préparait. Que demander de plus ? À la maison, le champagne coule à flot, car toute la famille défile pour fêter ce double succès. Quelle joie ! Oubliée, la panique dans laquelle nous nous étions trouvés face à la rupture scolaire de Justine. Oublié, le stress qui nous a rongés tandis que nous tentions de trouver une solution de rechange. Oubliée, la course contre la montre pour rattraper le temps perdu et terminer le programme de 3e à temps. Tout cela nous paraît déjà si loin… L'heure est aux félicitations, aux réjouissances et aux préparatifs de vacances, dont nous avons la certitude qu'elles seront cette année les meilleures de notre vie ! Non seulement Justine vient de faire un pas de géant, mais elle-même commence à considérer ce qu'elle a réussi avec une certaine fierté. Pour elle, c'est un vrai bonheur de recevoir les congratulations de son entourage en même temps que son grand frère, qui a six ans de plus qu'elle, et qu'elle a depuis toujours placé sur un piédestal.

*

Quant à moi, je me sens enfin soulagée. Depuis cette terrible rentrée en classe de 3e, je n'ai fait qu'improviser, parer au plus urgent, suivre mon instinct. Je n'avais aucun modèle vers lequel me tourner, même si certains de mes amis ont pu connaître des épreuves similaires : chaque histoire était différente. Je n'ai jamais eu la certitude d'avoir raison dans les choix que je faisais pour Justine, ou que je l'encourageais à faire. À l'heure du premier bilan, me voici rassurée. Je n'ai pas fait fausse route, et Justine s'est révélée apte à relever le défi. Certains m'avaient reproché, dans les premiers temps, de ne pas accepter la réalité, de vouloir tenter l'impossible. Je les entends encore : « Mais vous êtes sûre qu'elle va y arriver ? Peut-être n'en a-t-elle pas la capacité ! » C'est bien sûr la question qui m'a hantée pendant tous ces mois : et si j'étais en train de m'acharner sur elle, comme on dit de certains médecins qu'ils pratiquent l'acharnement thérapeutique sur leurs malades ? Plus dure serait la chute, et j'en serais la seule responsable. Cette perspective m'angoissait au-delà de ce qu'on peut imaginer.

Aujourd'hui, même si j'ai pris conscience des limites de Justine – son aversion sans doute définitive pour les maths, sa brouille avec une certaine forme de logique –, j'ai la certitude qu'elle peut s'en sortir comme tout autre élève ayant les mêmes difficultés, et je sais qu'ils sont nombreux. Je m'autorise donc à persévérer dans la voie que je me suis fixée au fur et à mesure de mes tâtonnements : l'amener le plus loin possible dans ses études secondaires, si possible jusqu'au bac, et l'aider à déterminer son avenir professionnel lorsqu'elle y sera prête.

Pour l'heure, je sais qu'elle en est loin, et je continue à me méfier de toute orientation prématurée. Le beau succès qu'elle vient de remporter me ravit et me rassure. Car il lui permet non seulement de retrouver un peu de sa confiance perdue, mais aussi de gagner du temps pour mûrir ses futurs choix. En entrant en 2de générale, elle n'a pas besoin de choisir un métier tout de suite. *Last but not least*, Justine peut enfin tourner la page de ses années collège, qui ont fini par virer au cauchemar – pour elle, comme pour pas mal d'autres adolescents, ainsi que nous l'avons appris chemin faisant. Une dérive presque banale, à laquelle je m'étonne que l'institution scolaire et les pouvoirs publics ne s'intéressent pas plus.

*

Le 3 septembre 2008, c'est donc au lycée que Justine fait sa rentrée. Avant les vacances, j'ai dû admettre qu'il était encore trop tôt pour la réintégrer dans un établissement classique, et d'ailleurs, malgré nos nombreuses recherches, nous n'avons pas trouvé le lycée qui aurait pu lui convenir. D'un commun accord, nous avons donc demandé un nouveau dossier d'inscription au CNED. Cette fois, Justine commencerait son année en même temps que tous les autres élèves : avec une année complète devant elle, son travail serait plus facile à organiser, et comme n'importe quel lycéen, elle aurait de véritables vacances pour souffler. En outre, elle était désormais rodée à la gymnastique des devoirs à envoyer toutes les deux à trois semaines par la poste, des exercices de langues à graver sur CD enregistrables, et de la communication par mail avec son établissement. Après tout, on ne change pas une équipe qui gagne !

Cependant, en cette rentrée 2008, nous n'avons pas d'autre choix que de remanier un peu sa composition. Confronté à ses propres échéances universitaires, Bahman ne peut hélas continuer à coacher Justine comme il l'a si bien fait tout au long de l'année précédente, en inventant au fur et à mesure un rôle qu'il n'avait encore jamais tenu auprès d'un autre élève. Il nous a prévenus avant les vacances, et nous avons donc prévu de faire appel à Zoé, l'étudiante recommandée par le directeur du lycée E. Cette jolie petite brune, souriante et toute menue, a tout de suite séduit Justine. Avec son piercing, ses chaussures punk et ses pulls trop larges, elle ressemble à la grande sœur qu'elle aurait aimé avoir. Et puis, cette ancienne du lycée E. lui explique qu'elle aussi a été confrontée à des difficultés au collège. Avant de devenir une élève brillante.

Comme elle est d'un naturel modeste, j'ignore encore qu'elle prépare le concours d'entrée à l'École normale supérieure auquel elle sera reçue sans encombre l'année suivante. En attendant, elle se fait fort de faire comprendre les maths à notre fille. Et celle-ci semble presque disposée à les aimer !

*

Une autre recrue va intégrer notre équipe de choc, peu avant Noël : Patricia. En Argentine, son pays d'origine, cette jeune femme exerçait le métier de psychologue. En France, elle enseigne l'espagnol dans une école de langues pour adultes et complète ses revenus par des cours particuliers scolaires. Une amie journaliste, qui l'avait connue dans le cadre d'une formation professionnelle, me l'a présentée par le plus grand des hasards. Cette rencontre a provoqué en moi un déclic : et si je demandais à Patricia de donner des cours de conversation à Justine ?

Jusque-là, j'avais moi-même surveillé ses progrès en espagnol, sa deuxième langue au collège : même si je ne l'avais jamais étudié, le niveau requis n'était pas très élevé. Je n'avais qu'à apprendre chaque leçon avec elle, et à lui faire réciter après ! Mais en 2de, il fallait comprendre et commenter des textes longs et complexes, et je ne me sentais pas à la hauteur. Et pour tout dire, je n'avais pas spécialement envie d'ingurgiter les différentes formes du subjonctif après mes journées de travail. Après avoir abordé cette langue nouvelle pour moi comme une sorte de jeu et de défi personnel, je commençais à m'en lasser, et l'idée de passer les commandes à quelqu'un d'autre ne me contrariait pas le moins du monde, bien au contraire. Patricia arrivait à point nommé.

*

Pour cette deuxième année au CNED, Justine reprenait ses habitudes sans difficulté. Son emploi du temps était cette année rythmé par les cours donnés par Zoé et Patricia, les visites au docteur G.B, la musique, la danse… Tout était donc sous contrôle. Il n'y avait qu'à respecter les échéances des devoirs, et tout irait bien jusqu'au mois de juin. Sans compter qu'il n'y avait aucun examen prévu ! C'était donc une année sans stress qui se profilait. À un bémol près : à mon sens, cette année devait impérativement être la dernière que Justine effectuerait par correspondance. Il me paraissait nécessaire qu'elle fasse sa 1re et sa terminale parmi d'autres élèves de son âge. Elle avait un an devant elle pour s'y préparer, et surmonter le handicap de sa phobie scolaire. Ce n'était pas de l'obsession de ma part : juste de la lucidité. Sans confrontation avec le travail et les résultats des autres élèves, Justine avait pu obtenir son brevet, ce qui était très encourageant, mais elle risquait de ne pas arriver à décrocher son bac. Après plusieurs années à la maison, elle serait déconnectée des réalités, et incapable d'évaluer le niveau requis pour obtenir ce diplôme. Il était impératif de lui trouver, pour la rentrée suivante, un point de chute qui lui convienne et qu'elle soit en mesure d'accepter.

Dès le mois de novembre, la quête a donc repris. Après nos recherches infructueuses de l'année précédente, une première piste se dessinait tout naturellement. Si elle s'améliorait en maths, Justine espérait pouvoir entrer au lycée E. Mais une hypothèse s'était peu à peu insinuée dans mon esprit : et si les gentils sauveurs d'élèves de ce lycée privé étaient devenus, comme bien d'autres directeurs d'établissement, des obsédés de la réussite ? Le cas de Zoé avait fait du chemin dans ma tête. Quelle qu'ait été sa dérive lorsqu'elle était collégienne, non seulement on n'en voyait plus la moindre trace, mais elle possédait aujourd'hui une très belle mécanique intellectuelle. Son parcours m'avait troublée. Et si le couple d'enseignants qui avait créé cet établissement ne voulait, ou ne pouvait, sauver que les esprits les plus brillants ? Le « petit cours » qu'ils avaient fondé voici plusieurs décennies avait fini par obtenir l'agrément de l'État, et s'était aligné avec les lycées publics et privés sous contrat dans leur course à l'excellence. Comme eux, il était classé dans le palmarès des meilleurs lycées parisiens, en raison de son taux de réussite au bac, voire de son taux d'accès aux grandes écoles. Une évolution qui lui interdisait sans doute de prendre des paris risqués en choisissant d'aider des élèves plus fragiles. Quoi qu'il en soit, Justine avait rendez-vous, chaque trimestre, avec M. C., le directeur adjoint, pour lui montrer son bulletin de notes. Même si cette démarche ne devait pas déboucher, c'était déjà une façon, pour elle, d'envisager son retour à l'école et de s'y préparer psychologiquement.

*

J'étais donc persuadée qu'il fallait continuer à chercher d'autres possibilités et restais à l'affût. Un court moment, j'ai imaginé que l'internat pouvait offrir une alternative intéressante, constatant autour de moi que d'autres y avaient fait appel avec un certain succès. J'avais même obtenu la liste complète des établissements publics ou privés de la région parisienne, assez peu nombreux en vérité, si l'on ôtait ceux qui réservaient l'internat aux classes « prépas » et ceux qui proposaient un enseignement trop spécialisé. Mais lorsque j'avais évoqué cette hypothèse, Justine m'avait jeté un regard tellement suppliant que je ne lui en parlai plus jamais !

Une autre voie fut abandonnée tout aussi vite, celle des « lycées des métiers » : une ancienne camarade de Justine lui avait vanté les mérites d'un lycée parisien formant à différentes spécialités de la décoration intérieure, dans lequel elle-même s'était inscrite, et lui avait proposé d'assister à la journée portes ouvertes. Mais ma fille devait manquer de motivation : après avoir paru quelque temps très intéressée, elle se trouva bien trop occupée pour se rendre sur place le jour dit. Nous oubliâmes vite la décoration.

*

« Maman, tu sais qu'il existe un bac "danse" ? J'ai une amie à mon cours de danse qui fait ça ! » Un soir, Justine est rentrée de son cours de modern jazz tout excitée de m'annoncer une aussi bonne nouvelle. C'était la première fois que l'idée de passer un bac, quel qu'il soit, provoquait en elle un certain enthousiasme. Il fallait essayer d'en tirer parti, même si j'ignorais tout de ce bac-là. J'avais appris, au cours des derniers mois, que pour amener Justine au bac, il était nécessaire d'emprunter des chemins tortueux. Je n'étais plus à ça près. Et après tout, pourquoi pas ? Dans « bac danse », il y avait le mot « bac », et c'est ce que je voulais entendre !

Intriguée, je me suis donc immergée dans les méandres des filières et des options artistiques, et j'ai mis un certain temps à comprendre qu'il y avait deux bacs « danse » très différents l'un de l'autre. Le premier s'intitule « Techniques de la musique et de la danse (TMD) », option danse : il prépare aux carrières artistiques, nécessite un niveau très avancé, et n'ouvre aucune passerelle vers d'autres types d'études, une fois le bac obtenu. Ce n'était sûrement pas ce qu'il fallait à Justine. Le second est un bac Littéraire comme un autre, avec une option danse à fort coefficient : plus facile à envisager, bien que peu de lycées offrent cette possibilité, même à Paris.

Pour en avoir le cœur net, je décidai d'en visiter un et d'y retirer un dossier. Dans les couloirs d'un vieux lycée parisien, avec escalier d'honneur, décors de stuc et bustes d'auteurs classiques, je cherchai le bureau de la responsable. C'était une dame revêche, et très dédaigneuse de mon ignorance. « Madame, c'est en 2de qu'il faut faire la demande, me répondit-elle d'un ton condescendant. Pour la 1re, il y aura peut-être une ou deux places disponibles, mais vous comprenez bien que les filles qui ont démarré la formation cette année sont prioritaires. » Ainsi fûmes-nous obligées de dire adieu au bac « danse ».

Mais en cherchant ces informations, j'en avais glané une qui pouvait fournir un avantage à Justine : tout candidat au bac Littéraire peut choisir une option « danse » facultative, au coefficient moins élevé que dans le bac « danse ». Cette option est dotée d'une caractéristique particulièrement intéressante, puisque seuls les points au-dessus de la moyenne sont pris en compte pour les résultats du bac. Pour Justine, cela pourrait être une bonne façon de sécuriser quelques points de plus lorsqu'elle le passerait.

*

Mais nous n'y étions pas encore, et la question de trouver un établissement pour l'année suivante restait toujours sans solution. À court d'idées, je m'étais demandé s'il ne fallait pas, tout simplement, chercher une place dans le grand lycée privé de notre quartier, appartenant au même réseau catholique que le collège dont elle venait. L'idée ne l'enchantait pas, mais le printemps arrivait, et nous n'avions toujours pas de solution. J'ai donc téléphoné, puis fait une demande en bonne et due forme, accompagnée des incontournables bulletins scolaires des trois dernières années – y compris le fameux bulletin de 4e qui m'avait tant contrariée, préconisant une orientation dans un lycée professionnel. Et nous en sommes restées là.

Je ne peux pas reprocher à ce lycée de m'avoir renvoyé une réponse négative : je n'ai pas reçu de réponse du tout, ni par mail, ni par courrier. Aux yeux de ses responsables, la demande d'inscription de Justine était tout simplement inexistante ! Ayant eu le toupet de téléphoner pour en avoir le cœur net, je me suis fait recevoir comme un chien dans un jeu de quilles par une secrétaire excédée, qui m'a informée que compte tenu de la longueur de la liste d'attente, ma demande n'avait, effectivement, même pas été examinée. J'aurais pu essayer d'insister, demander conseil, et peut-être appui, à des amis dont les enfants étaient scolarisés dans cet établissement – bref, faire mon enquiquineuse. Mais je n'en avais même pas envie : ce silence me renvoyait à l'incompréhension qui avait entouré Justine dans ses établissements précédents. J'étais dégoûtée.

*

« Mais pourquoi n'emmènes-tu pas Justine au Centre d'information et d'orientation (CIO) ? » m'a demandé un jour mon amie Marie-Jeanne, professeur de français et de latin dans un collège public de la région. Une proposition de bon sens, qui ne m'avait pourtant jamais effleuré l'esprit, tant le départ précipité de notre fille de son école primaire publique, quand elle était en CM2, nous avait traumatisés. Mais Marie-Jeanne avait raison. Nous n'avions rien à perdre. Et puis le CNED, après tout, c'était l'Éducation nationale. Cela valait la peine de tenter notre chance.

Chapitre 24

Copains d'avant

Justine

Septembre 2008 : pas de nouvelle révolution en vue. Me voilà repartie pour une nouvelle année au CNED, mais cette fois en classe de 2de. Continuer à suivre la scolarité par correspondance un an de plus me réjouit, car je ne me sentais pas prête à intégrer un lycée, même si maman en rêvait. Je suis parfaitement rodée, sais organiser mon emploi du temps, échelonner l'envoi de mes devoirs et m'y retrouver parmi les étiquettes. Je reprends donc sans souci les habitudes acquises, me sens à l'aise et, comme il n'y a aucune échéance d'examen à l'horizon, n'éprouve ni stress ni appréhension. Me détend aussi le fait de savoir que, cette fois, j'ai devant moi une année complète pour envoyer mes séries de devoirs et non quelques mois comme précédemment. Cette première année de lycée, c'est donc en toute sérénité que je peux l'aborder, soit une attitude totalement inédite pour moi. Et j'avoue que c'est loin d'être déplaisant !

*

Je dois tout de même signaler un changement important : c'est une certaine Zoé qui me sert de professeur et non plus Bahman. Elle est assez jeune et plutôt dynamique. Comme elle a tout juste trois ans de plus que moi, j'imagine qu'elle saura me comprendre et que je lui parlerai sans appréhension. Face à une fille, je me sentirai plus en confiance, redouterai moins de faire des erreurs et d'en éprouver de la gêne. Lors de notre première rencontre, j'ai remarqué sa façon de s'habiller un peu rock et décontractée. J'ai aussitôt accroché. À son look comme à son caractère, extrêmement posé et calme. Sa personnalité et son style deviendront d'ailleurs une source d'inspiration importante cette année-là. Sans que je cherche vraiment à lui ressembler, elle sera une sorte de modèle.

Autre nouveauté, les cours de maths qu'elle me donne se déroulent parfois dans son studio. J'aime bien me rendre chez elle, dans une petite rue située derrière le jardin des Plantes. Avant de commencer, elle m'offre un Coca-Cola ou un jus de fruit. Avec elle, j'ai l'impression de progresser car elle ne dit jamais un mot plus haut que l'autre, même si je me trompe, et même si c'est plusieurs fois de suite. Tout le contraire de mes parents qui, lorsqu'ils m'aident à travailler et que je ne comprends pas leurs explications, finissent forcément par hausser le ton. Ce qui produit un effet paralysant, m'empêche de réfléchir, me tétanise et fait que je ne comprends plus rien du tout ! Zoé a, en outre, une façon très efficace d'expliquer les maths ; grâce à elle, je progresse plus vite.

*

J'ai aussi une professeure supplémentaire, Patricia, qui me donne des cours d'espagnol. Dynamique et toujours joyeuse, lorsque j'ai cours avec elle, je ne vois pas le temps passer, tant elle me fait aimer sa langue, sait la rendre vivante en m'invitant à dialoguer et à répondre à toutes sortes de questions, parfois sans rapport avec le cours. J'aurais aimé rencontrer plus d'enseignants comme elle ! Elle n'est pas qu'un professeur. En dehors de la partie scolaire, pendant la petite pause que nous nous autorisons à chaque leçon, nous discutons beaucoup. Et de tout. Nous parlons de ma situation, de la façon dont je vis ma scolarité à la maison, de ce que j'envisage pour l'avenir, de mes préoccupations et de bien d'autres choses encore. De son côté, elle raconte un peu sa vie, comment et pourquoi elle a quitté l'Argentine pour venir en France. Au fil des mois, elle se transforme en sorte de deuxième psy puisque je lui fais de nombreuses confidences. Je la trouve même plus efficace que le psy officiel chez lequel je continue de me rendre chaque semaine. J'ai l'impression qu'elle sait guérir mon mal-être.

*

Une fois par trimestre, je dois montrer mon bulletin au directeur du lycée E., et nous parlons de mon travail.

Il s'intéresse à moi et cherche à m'encourager, ce qui me réconforte, mais en réalité je n'entretiens plus vraiment l'espoir de m'inscrire dans son école. Après avoir raté le test d'entrée en fin de 3e, j'ai renoncé à fixer comme objectif d'y être admise. Malgré les leçons que me donne Zoé, je doute de pouvoir rattraper le niveau de maths demandé. La barre me paraît trop haute.

*

Durant cette période, mes amis, eux, me manquent de plus en plus. En m'installant dans des conditions d'études différentes, je me suis éloignée d'eux, et je me demande si je fais encore partie de leurs existences. Les études à la maison m'isolent, m'éloignent de la vie extérieure, et je commence à le ressentir violemment. Mon rythme n'a plus rien à voir avec celui des autres ados. Pour pallier ce manque de vie sociale, je les appelle aussi souvent que possible. Parfois je reste une heure au téléphone avec l'un ou l'autre, tant nous avons de choses à nous dire ! Je garde aussi le contact via Facebook. C'est facile et cela permet de rester au courant de tout ce qui se passe. Chaque soir, je m'installe devant mon ordinateur et discute. Je regarde les photos de soirées, de sorties ou de déjeuners entre copains mises en ligne, et, de mon côté, je poste des « statuts », autrement dit mes pensées du jour. Ma vie sociale est, en grande partie, virtuelle !

Bien sûr, j'essaye aussi de les voir de temps en temps. Parfois nous nous invitons, pour une fête ou un anniversaire, allons au cinéma ou à un concert. Mais c'est souvent moi qui prends l'initiative.

Je suis libre de m'organiser comme je veux, et si par hasard je rentre à une heure un peu avancée, me rattraper le lendemain en mettant le réveil plus tard n'est pas gênant. Je ne suis jamais obligée de faire attention parce qu'un contrôle est prévu en classe, le lendemain matin à 8 heures. Mes amis, si. Sans compter les parents, qui surveillent leurs horaires et décident de ce qui est raisonnable ou pas.

*

17 ans. J'organise une fête à la maison. Cette fois, je n'ai pas invité tout le collège ! Ne sont conviés que les proches. Parmi eux, je compte Hannah, Nicolas, Louise, Cécile, Margaux et deux amies connues par la danse, Anne et Cyrine. Cela me fait plaisir de les revoir, de m'amuser et de parler avec eux le temps d'une soirée ! Tous me disent que, depuis mon départ, j'ai beaucoup changé – en bien, assurent-ils – et qu'ils me trouvent plus épanouie. Leurs compliments me touchent et me rassurent. Ils signifient que mes progrès scolaires autant que personnels se remarquent désormais. Leurs propos confirment qu'en suivant mon instinct, qui commandait d'arrêter le collège, je n'ai pas commis d'erreur. Je me sens fière d'avoir eu cette force. Après tout, j'ai trouvé mon propre chemin, et l'ai trouvé seule.

*

Toutes mes inquiétudes n'ont pas disparu pour autant. Une anecdote en témoigne. La veille de mes 17 ans, je me suis réveillée avec une étrange angoisse : celle de n'avoir pas assez profité de mes 16 ans, de ne pas avoir fait assez de choses intéressantes cette année-là. Quelques instants plus tard, j'ai entrepris de me filmer face à un miroir en train d'énumérer à voix haute la liste de ce que j'avais fait en douze mois, des sorties aux voyages en passant par les rencontres. J'ai fini par réaliser que j'en avais peut-être fait plus que nombre de mes amis.

Car cette année avait été riche et bien remplie, même si c'était d'une manière peu conventionnelle. Dresser ce bilan m'a aidée à passer le cap. Cet épisode pourrait prêter à sourire, mais il témoigne de l'appréhension bien réelle qui m'habitait. Aujourd'hui encore, je ne peux en expliquer la raison exacte. L'angoisse était encore là.

Chapitre 25

Adieu, les psys !

Anne-Marie

Bonne nouvelle : pour la première fois depuis longtemps, pas de crise en vue ! Fini le stress permanent, les interrogations métaphysiques et les rendez-vous qui ne débouchent sur rien. Avec la deuxième rentrée de Justine au CNED, c'est une forme de routine qui s'installe à la maison, et nous en profitons pour nous détendre un peu. Ce n'est pas du luxe.

Sans doute nous reste-t-il le souci de trouver un « vrai » lycée qui plaise à Justine pour l'année suivante, mais après les montagnes russes de l'année passée, plus rien ne nous paraît insurmontable. La validation de la 3e de Justine et son succès au brevet nous ont rendu tout notre optimisme. Il y a un an, son avenir semblait totalement bouché et nous nous sentions impuissants. Aujourd'hui, les portes s'ouvrent de nouveau. Une nouvelle année d'études par correspondance ne nous effraie pas, et sur le plan psychologique, nous avons maintenant la certitude que Justine est bien suivie, car les premiers résultats commencent à se voir. Cela nous rassure énormément.

*

De la thérapie du docteur G.B, nous ne savons pas grand-chose, mais nous considérons qu'il n'y a là rien d'anormal : pour qu'elle se déroule correctement, il faut que la parole de Justine soit libre. Pas question que les parents écoutent aux portes ! C'est la règle du jeu. Nous avons certes été sollicités lors des premiers rendez-vous, afin de livrer notre point de vue, mais depuis, nous n'intervenons plus dans le tête-à-tête de Justine avec ses psys. Elle-même reste d'une discrétion totale sur ce qu'elle dit et ce qu'on lui demande lors de ces séances, ce qui ne nous étonne pas non plus. Sans doute ne s'en rend-elle pas compte, mais cette thérapie est au fond son premier acte de jeune adulte. Même si nous sommes un peu frustrés, même si nous aimerions comprendre un jour ce qui lui est arrivé, nous savons que notre rôle de parents est de l'aider à couper le cordon. Il nous paraît donc parfaitement compréhensible, et même sain, qu'elle garde pour elle les éventuels secrets révélés par le dialogue avec son thérapeute.

À nos yeux, le plus important est de pouvoir constater, comme nous le faisons depuis cet été, que notre fille retrouve progressivement sa joie de vivre. Elle qui s'était renfermée dans une solitude inquiétante, a retrouvé ce joli sourire que nous aimons tant, ainsi qu'une certaine forme d'insouciance. A-t-elle réussi, grâce à sa thérapie, à mieux comprendre sa personnalité, ainsi que son histoire ? Se sent-elle simplement plus légère d'avoir pu vider son sac rempli de problèmes, de soucis et d'interrogations devant une personne neutre, qui n'interviendra plus jamais dans sa vie ? Dans le centre où elle est suivie, les psychologues prennent leurs jeunes patients très au sérieux. La qualité de leur écoute ne fait aucun doute. Nous avons toute confiance en eux.

*

Le choc n'en est que plus grand lorsque nous apprenons que Justine a fini par les envoyer balader, comme elle avait envoyé balader l'école un an plus tôt. Quand cela s'est-il produit ? Je n'en sais rien. Elle s'est bien gardée de nous prévenir ! C'est moi qui m'en suis aperçue par le plus grand des hasards, parce qu'un jour, pour être un peu plus au calme, j'avais décidé de rester travailler à la maison au lieu d'aller au bureau. Bien que l'heure du rendez-vous de Justine avec le psychologue approche, je constate qu'elle ne fait pas du tout mine de se préparer. Lorsque je réalise l'heure qu'il est, je lui rappelle qu'il faut partir car elle est déjà en retard. « Oh non, je n'y vais plus, c'est fini, maintenant », me répond-elle d'un ton désinvolte. J'ouvre des yeux incrédules : « Comment ça, c'est fini ? Ta thérapie est terminée ? C'est M. F. qui te l'a dit ? » Insensiblement, je sens la colère qui monte en moi, comme l'année dernière après sa rupture avec l'école, mais une petite voix intérieure me dit que je ne dois pas me laisser emporter. J'essaye donc de me calmer, pour ne pas prendre ma fille de front et ne pas instaurer un rapport de force qui risquerait de la braquer. Néanmoins, j'interroge Justine : depuis quand ? Pourquoi ne sommes-nous pas au courant ? Pourquoi le psychologue ne nous a-t-il pas convoqués pour faire le bilan du travail accompli ? Elle regarde ailleurs, ne répond pas, plonge son nez dans les devoirs sur lesquels elle est censée travailler et qui semblent tout d'un coup la passionner bien plus que d'habitude.

Soudain, tout devient clair. C'est elle, une fois de plus, qui a décidé de rompre le contrat. Elle a pris, seule, la liberté de ne plus se rendre à son rendez-vous hebdomadaire, sans rien demander à personne. Ni à nous, ni à ses thérapeutes. Je formule mon hypothèse et lui demande si c'est bien ce qui s'est passé. « Oui, finit-elle par me répondre d'un air un peu penaud. C'est moi qui ai décidé de ne plus y aller. » Accablée, je ne sais plus par quel bout la prendre. La réprimander ? À quoi bon, ce n'est plus une petite fille, même si son attitude semble parfois dire le contraire. Sans compter que j'ignore tout de ce qui s'est passé entre elle et son thérapeute. À tout hasard, je lui demande si elle a quelque chose à lui reprocher, ou si elle s'est fâchée avec lui de son propre fait. « Je m'ennuie pendant nos rendez-vous, lâche-t-elle au bout d'un moment. Il attend que je lui parle, et ne me pose pratiquement pas de questions, et moi je ne sais plus quoi lui dire. Je lui ai déjà tout dit. » Allons bon. Quels arguments opposer à cela ? Je n'ai jamais suivi de thérapie, et je ne suis évidemment pas thérapeute moi-même : peut-être est-ce normal d'en arriver là ? Ou peut-être non ? Entre les deux, je ne saurais trancher, et je me sens de nouveau très démunie. Et puis si ça se trouve, à sa place, j'aurais fini par faire la même chose…

*

Que s'est-il vraiment passé ? Je me pose la question des heures durant, et la retourne dans tous les sens. Cette thérapie garde pour moi tous ses mystères, et je reconnais que cela m'agace beaucoup : pour une fois, ma fille en sait plus que moi ! N'ayant pas toutes les cartes en mains, j'en suis réduite à jouer avec les hypothèses, avec la certitude que je ne saurai jamais laquelle est la bonne. Peut-être Justine sent-elle qu'elle a été percée à jour par le psychologue et ne veut-elle pas lui livrer toutes les clés de son mal-être. Peut-être a-t-elle délibérément choisi de garder sa vérité pour elle. Mais alors de quoi peut-il s'agir ? J'enrage de ne pas savoir. Ou peut-être, à l'inverse, commence-t-elle à voir clair en elle-même et cela lui fait-il un peu peur ? Peut-être préfère-t-elle ne pas trop analyser les mécanismes qui l'ont conduite là où elle en est aujourd'hui ? Peut-être serait-il trop douloureux pour elle de regarder la vérité en face, ou peut-être le moment n'est-il pas encore venu…

Depuis son refus de retourner à l'école, je devine en elle le désir de ne pas chercher à grandir, de ne pas être confrontée aux angoisses des adultes, de continuer à être protégée, entourée, dorlotée comme la petite fille qu'elle n'est plus. Et c'est aussi ce qui m'inquiète : comment, dans cette période compliquée, lui tenir la main pour éviter le pire, sans pour autant l'infantiliser ?

Mais pour finir, lorsque je n'en peux plus de me torturer l'esprit de cette façon, je me dis qu'après tout, elle en a peut-être simplement assez de ces rendez-vous qui se suivent semaine après semaine. Peut-être pense-t-elle qu'elle n'en a plus besoin, puisqu'elle va déjà mieux ?

*

Conseil de guerre, le soir dans la cuisine, quand Jean-Paul rentre de son travail. Éducateur, il en sait beaucoup plus que moi sur la façon dont se déroulent les thérapies d'adolescents, et s'inquiète de cette nouvelle rupture. « Il faut prendre contact très vite avec le docteur G.B. », m'explique-t-il. Et dire que nous n'avons, une fois de plus, rien vu venir ! Nous culpabilisons de nouveau : peut-être aurions-nous dû nous investir plus sur ce volet thérapeutique ? Mais qu'aurions-nous pu faire de plus ? Je me mets à regretter de ne pas avoir prêté plus d'attention à l'un des conseils que nous avait prodigués Mme V., l'ancien professeur principal de Justine, quand elle nous avait rendu visite, l'année passée. « Avez-vous pensé à consulter vous-même un psychologue ? m'avait-elle alors demandé. Vous aussi, vous allez sans doute avoir besoin d'un soutien. » Comme à mon habitude, j'avais opiné du chef tout en écartant cette idée d'emblée, m'imaginant assez forte pour faire face, et par ailleurs très soutenue par un mari aussi soucieux que moi de l'avenir de sa fille. J'invoquais aussi le manque de temps – et c'est vrai qu'entre mon travail et la supervision des études de Justine à la maison, il ne me restait guère de liberté pour m'occuper de moi !

Pourtant, cela m'aurait peut-être permis de mieux comprendre les enjeux de la thérapie de Justine, moi qui ai toujours été, instinctivement, un peu allergique aux psys. Dans mon entourage, plusieurs personnes l'ont fait. Mon amie Valérie et son mari, parents de Marie, n'ont cessé, depuis des années, de rencontrer un psychologue une fois par mois, ce qui leur a évité non seulement de craquer, mais aussi de prendre de mauvaises décisions. Une amie commune, Paule, seule au foyer face aux problèmes de son fils adolescent, s'est carrément fait coacher par un psy pour être sûre de ne pas faire d'erreur. Mais pour nous, c'est trop tard. Nous aurions dû y penser avant !

*

J'essaye de me consoler en me disant qu'il nous reste une psychologue présente auprès de Justine : Patricia, son professeur d'espagnol ! J'ai récemment découvert que toutes les deux ne se contentent pas de travailler la grammaire et les textes figurant au programme de la classe de 2de. Toujours de bonne humeur, Patricia lui redonne le moral, travaille sur sa confiance, lui dispense de nombreux conseils pour la vie de tous les jours. Si bien que Justine lui confie ses petits secrets et ses gros soucis. Pour s'épancher, il est probable qu'elle se sente plus à l'aise avec une jeune femme qu'avec un homme, devant lequel il doit lui paraître très difficile de tout dire. Et si c'était cela, la raison de l'arrêt de sa thérapie ? Et si elle en était arrivée à un stade où dévoiler ses secrets devant un homme était devenu insurmontable ? Simple hypothèse. Une coïncidence m'amuse : sa psy de substitution est d'origine sud-américaine, comme celui que Justine a quitté en claquant la porte. Les écoles française et argentine, m'explique Jean-Paul, sont très proches par leurs méthodes et par leur histoire. Patricia serait-elle en train de terminer le travail laissé en plan par M. F. ? Quelle incorrigible optimiste je fais…

*

Arrive le 17 décembre. C'est le jour de notre rendez-vous avec le docteur G.B. pour conclure la trop courte psychothérapie de Justine. Jean-Paul et moi nous retrouvons en plein milieu de journée, un événement très inhabituel pour nous. Nous avons tous les deux l'air un peu emprunté, voire solennel. Une impression de déjà-vu m'envahit. C'était l'hiver dernier, exactement à la même époque. Nous devions rencontrer le directeur du collège de Justine pour mettre un terme officiel à sa scolarité dans cet établissement, nous avions le cœur lourd et ne savions pas trop ce que nous allions pouvoir lui dire. Douze mois plus tard, nous voilà dans une situation quasiment identique, avec un sentiment d'échec et – inévitablement – de culpabilité. Nous sommes les parents qui n'avons pas su maintenir notre fille à l'école, et qui avons été incapables de lui prodiguer les soins nécessaires à son rétablissement ! Autant dire que nous n'en menons pas large, tandis que nous patientons dans la salle d'attente du petit pavillon de banlieue où enfants et adolescents viennent raconter leur détresse.

Il faut grimper tout en haut du vieil escalier de bois sombre pour découvrir le bureau du docteur G.B., ainsi que ceux de son équipe de psychologues, là où devaient se trouver autrefois les chambres du vieux pavillon. Au signal de la secrétaire, c'est ce que nous nous empressons de faire. Le pédopsychiatre qui nous attend nous adresse le sourire un peu fatigué de l'homme qui voit passer tous les jours des cas autrement plus complexes et plus graves que celui de notre fille. Sa grande spécialité, c'est la délinquance juvénile sous toutes ses formes – il a même remis un rapport sur la question à Lionel Jospin, alors Premier ministre – et il est forcément enclin à relativiser. C'est en tout cas l'idée que je me fais de lui en l'observant, assis derrière son bureau, avec son air philosophe et sa chevelure blanche.

« Alors, comme ça, Justine ne veut plus venir ? » Juste quelques mots pour lancer le sujet, et la phrase semble comme suspendue derrière le bon sourire triste du médecin. À nous de la compléter, d'expliquer peut-être, de poser les questions si nous en avons. Les paroles de Justine, expliquant qu'elle ne sait plus quoi dire à son psy qui ne lui pose pas de questions, me reviennent à l'esprit. Bêtement, je me sens un peu dans la même situation qu'elle : que dire ? Je voudrais bien lui crier : « Eh oui, elle a décidé de ne plus venir vous voir et je ne peux vraiment pas vous dire pourquoi, car je suis larguée ! J'attendais que vous m'aidiez, mais un an a passé et je ne suis pas plus avancée que la première fois ! » Mais évidemment, je garde ces remarques pour moi : je sais bien que ce ne sont pas les parents qu'il devait aider, mais Justine ! Alors je lui raconte ce que nous avons mis en place depuis la rentrée. La réinscription au CNED, l'arrivée de Zoé, Patricia… « Je comprends ce que vous essayez de faire, observe le docteur G.B. en me regardant du coin de l'œil. Ce que vous voulez, c'est qu'elle réussisse malgré elle ! Et ça peut marcher… »

L'heure est venue de nous quitter. Nous n'avons plus grand-chose à nous dire. « À 16 ans, on n'oblige pas une adolescente à suivre une thérapie si elle n'en a pas envie, explique le docteur pour nous tranquilliser. Justine a probablement encore besoin d'aide, mais elle y reviendra plus tard. » Puis il se lève pour nous raccompagner à la porte de son bureau. Avant de nous laisser partir, il se ravise, nous regarde l'un après l'autre et lâche : « Justine s'en sortira. »

Cette phrase à laquelle je ne m'attendais pas le moins du monde, je me la suis répétée inlassablement, à chaque fois que le doute tentait de s'introduire dans mon esprit. Si j'ai trouvé la force d'accompagner Justine jusqu'au bac, et au-delà, c'est parce qu'elle était gravée à jamais dans ma mémoire. Dans les moments difficiles, je m'accrochais à cette certitude : Justine s'en sortira. Moi, je pouvais me tromper, mais pas le docteur G.B. Je ne l'en remercierai jamais assez.

Chapitre 26

Je vais très bien, merci

Justine

Pendant un an, j'ai suivi une psychothérapie à la Maison des adolescents de Nanterre. Nous étions nombreux à venir y chercher une solution. Durant ces longs mois, j'ai sincèrement essayé de me prêter au jeu, portée par le sentiment que cela pouvait m'aider. Mais rapidement, j'ai été déçue. Le directeur de l'établissement, le docteur G.B., avait confié la responsabilité de ma thérapie à un psychologue de son équipe, M. F. dont je me suis rendu compte qu'il ne m'était pas particulièrement sympathique. Ce qui posait un vrai problème : sa froideur rendait mes confidences plus difficiles à formaliser. Non seulement il ne m'inspirait pas, mais son attitude s'avérait presque rebutante. Son regard était volontairement neutre et parfois même froid ; pis, il ne me regardait quasiment jamais droit dans les yeux. Sa voix, que j'entendais assez rarement, n'exprimait pas la moindre émotion. Totalement monocorde. Homme ou femme, j'aurais préféré quelqu'un avec qui avoir une vraie discussion, un véritable échange, plutôt que ce monologue auquel il me contraignait plusieurs séances d'affilée.

Nos entretiens se déroulaient chaque vendredi après-midi, dans un des petits bureaux à l'étage du pavillon de Nanterre, et duraient environ une demi-heure. Quand j'arrivais, je m'asseyais en face de lui, sur une chaise d'école. Lui demeurait assis derrière son bureau, à regarder par la fenêtre. Nous nous faisions donc face, il me saluait sans un sourire, et m'invitait à parler d'un simple « Alors ? » ou « Reprenons la discussion. » C'était à moi d'improviser. Au début, je lui ai raconté mes mésaventures à l'école. J'avais beaucoup de choses à exprimer, et cela me faisait du bien. Parfois, il redirigeait la conversation avec une question, et je poursuivais mon récit. Mais petit à petit, il s'est mis à poser moins de questions, et moi, je ne savais plus quoi dire. De longs silences s'installaient. Cela n'avait pas l'air de le déranger, mais, personnellement, cette absence d'échange me mettait mal à l'aise. Je me demandais si cela valait la peine de venir jusqu'ici pour ne pas échanger.

Rien d'étonnant, donc, si un jour, peu avant la fin de l'automne, j'en ai eu assez. Ras le bol des visites hebdomadaires à la Maison des adolescents, de la salle d'attente et des longs trajets en bus. Du jour au lendemain, j'ai cessé de m'y rendre, comme j'avais arrêté l'année précédente l'école. J'avais pris cette décision lassée des « hmmm » et autres « on continuera la semaine prochaine ». Exaspérée, il me semblait perdre mon temps, et lui faire perdre le sien. Je ressentais le besoin d'un vrai dialogue pour résoudre les problèmes enfouis en moi mais, apparemment, le psychologue n'avait pas l'air décidé à échanger quelque parole que ce soit. La situation me frustrait. J'ai donc jugé que les séances ne servaient plus à rien, puisque je n'avançais plus.

*

Il serait injuste de dire que ces rendez-vous n'ont été d'aucune utilité. Ils m'ont permis d'y voir un peu plus clair dans ma situation. Lors de nos rencontres, nous parlions exclusivement de l'école et de tous les sujets qui pouvaient lui être liés, de près comme de loin. Au fil des mois, j'ai découvert un certain nombre de choses dont je me doutais déjà un peu, mais jamais formulées clairement. Par exemple, que ma relation avec ma mère concernant l'école et celle avec les autres constituaient les deux principales raisons de ma phobie scolaire. J'ai découvert que je craignais maman sur ce sujet-là, que je m'effaçais et n'osais rien exprimer qui aurait pu la fâcher dès qu'il était question de scolarité. De quoi expliquer pourquoi je n'étais jamais parvenue à entamer une discussion avec elle sur mon avenir ni lui expliquer ma vision. Comme la perspective d'en discuter me faisait peur, je gardais ces pensées pour moi, ou j'en parlais au téléphone avec ma tante Yvette. Laquelle cherchait à me consoler, et me disait qu'on pouvait très bien réussir sans le bac. Mais le problème restant sans solution, la seule façon de faire entendre quelque chose à maman fut, finalement, de tout stopper.

Autre raison du mal-être : un complexe d'infériorité par rapport à mon grand frère, à qui je cherchais des histoires pour l'embêter. J'avais l'impression que, pour mes parents, il était celui qui réussissait tout, qui n'avait jamais de difficultés, qui ne posait aucun problème alors que, moi, je jouais le rôle du vilain petit canard qui ne marche pas droit, a du mal, cause des soucis à ses parents. Je l'enviais et l'admirais en même temps pour son sens de l'humour, son don pour le dessin et sa vie sociale bien remplie. Six ans nous séparaient, et j'aurais voulu être comme lui, qui paraissait tellement sûr de lui. Évidemment, cela n'a fait que renforcer mon manque de confiance.

Pendant cette thérapie, j'ai plus ou moins découvert ce qui m'avait empêché de continuer d'aller à l'école. C'était dû, en grande partie, au fait que je me sentais différente : je n'arrivais pas à m'identifier aux camarades de mon âge, leur présence me perturbait.

Depuis l'interruption des séances, je me suis forgé une explication qui vaut ce qu'elle vaut. Cette gêne, ce mal-être générationnel vient peut-être du fait d'être la petite dernière de ma famille. Ayant toujours vécu au milieu de personnes plus âgées que moi, je me sens plus à l'aise en leur présence. Mais cela suffit-il à expliquer tout ?

*

Le jour où j'ai décidé d'arrêter les entretiens avec le psychologue, je n'ai pas jugé utile ni de le prévenir ni d'avertir mes parents. Je craignais de me faire disputer, ignorais comment le leur annoncer. J'étais intimement sûre, en outre, qu'ils finiraient par comprendre d'eux-mêmes. En effet, ils s'en sont rendu compte assez vite. Pourquoi ne leur ai-je pas demandé de voir quelqu'un d'autre ? Je suis sûre qu'ils auraient accepté, peut-être même aurais-je pu rencontrer un psychologue différent au même endroit. Aujourd'hui encore, je m'interroge. Peut-être alors le besoin de continuer n'était-il pas aussi clair dans mon esprit. Peut-être craignais-je de tomber une fois de plus sur un psy muet ? En tout cas, je n'ai rien dit, rien demandé. J'ai juste laissé tomber.

Chapitre 27

Un petit miracle qui change tout

Anne-Marie

Justine a juste serré les lèvres un peu plus que d'habitude, mais elle n'a pas pipé mot quand elle a découvert dans notre courrier une nouvelle réponse négative du lycée E. Malgré toute sa bonne volonté, et malgré la patience de Zoé, les maths l'ont une fois de plus trahie – et peut-être aussi d'autres matières. Mais nous n'aurons jamais le détail de ses résultats au test qu'elle est vaillamment retournée passer pour la deuxième fois, un samedi de mai, dans cet établissement qui lui plaît tant – en vue, cette fois, d'entrer en classe de 1re. Le visage fermé, elle décrète que ce n'est pas grave, qu'elle n'en avait pas si envie que ça, que de toute façon elle n'aurait pas été au niveau. Comment consoler quelqu'un qui refuse d'admettre sa déception ? Moi aussi, lors de ma première visite, j'avais été séduite par l'atmosphère à la fois exigeante et bohème de cet établissement. Son directeur d'études avait tout de suite évoqué pour moi le Robin Williams du *Cercle des poètes disparus* – et, à y bien réfléchir, peut-être s'en était-il réellement inspiré pour mettre au point son personnage ? J'en étais arrivée à espérer une métamorphose de ma petite chrysalide recroquevillée sur elle-même en un joli papillon épanoui par l'étude, si elle parvenait à intégrer cette école ! Autant dire un miracle... Et même si plusieurs indices me faisaient douter des chances de succès de la candidature de Justine, quelque chose en moi avait quand même continué d'y croire. Envers et contre tout.

*

Ce matin-là, tout en m'efforçant de prendre l'air rassurant de la mère pour laquelle il ne s'agit que d'une péripétie supplémentaire, je ressens donc une très vive déconvenue. La raison principale en est que mes recherches font du sur-place et que je commence à me faire du souci pour le retour de Justine dans un lycée « normal ». Mon carnet à spirales compte désormais une liste conséquente de lycées privés et de petits cours, dont le prix oscille entre 6 000 et 8 000 euros par an – des montants dont le nombre de zéros continue de m'impressionner – mais aucune solution n'est en vue pour le moment. Au Quartier latin, un établissement « hors contrat » se targue de travailler sur la remise en confiance des collégiens et des lycéens : hélas, il s'intéresse surtout aux « enfants intellectuellement précoces », catégorie dans laquelle je ne saurais honnêtement ranger ma fille. Dans le XVe arrondissement, un autre prétend remettre sur les rails les élèves réfractaires à l'école en suivant deux lignes de conduite supposées complémentaires : « forcer les élèves à travailler », et « provoquer une évolution » chez eux grâce à des « méthodes actives » afin de les « réconcilier » avec l'étude. Problème : des amis proches, qui s'étaient laissé convaincre par le discours marketing bien rodé de ce petit établissement – 200 élèves en tout pour le collège et le lycée – estiment y avoir laissé une fortune, pour un résultat inexistant. Leur fils, certes, a fini par s'en sortir. Mais pas cette année-là !

Tout est à recommencer en permanence. Décrocher le téléphone, trouver le bon interlocuteur, résumer l'histoire de Justine rapidement – mon ennemi est le manque de temps de celui qui m'écoute –, essayer de vérifier que je suis en train de frapper à la bonne porte, et enfin demander s'il reste des places pour la rentrée prochaine. Mais au fur et à mesure de mes appels, je me vois contrainte de rayer les noms des écoles que j'avais repérées, ou qu'on m'avait conseillées. Soit parce que ma fille ne fait pas partie du « public » qu'elles visent, soit parce qu'elles ne m'inspirent pas confiance, soit parce qu'elles sont prises d'assaut, avec des listes d'attente longues comme le bras. C'est, hélas, le cas de ce lycée privé très chic du VIIe arrondissement, sous contrat avec l'État, qui propose des classes à petit effectif – ce serait l'idéal pour Justine, terrorisée à l'idée de devoir se retrouver de nouveau au milieu d'une horde d'ados –, ou encore de cette célèbre école religieuse proche de Montparnasse qui semble privilégier l'optimisation du potentiel de chaque élève – puisqu'elle invite chacun d'entre eux à « atteindre sa propre excellence », plutôt que l'esprit de compétition –, mais qui ne se prive pas de mettre en avant ses 100 % de taux de réussite au bac et ses 82 % de mentions. Résultats impossibles à obtenir si l'on ne pratique pas un écrémage systématique des élèves les plus fragiles. Quelle hypocrisie ! Plus sympathique, un autre établissement religieux du même quartier ambitionne de « permettre au plus grand nombre d'accéder au savoir », et vise en particulier ces élèves « qui ne peuvent résister à trop de pression scolaire ». C'est bien le cas de Justine. Dans ce lycée, l'équipe pédagogique s'est fixé pour mission d'« aider les parents à croire en la réussite de leur enfant, quand même celui-ci viendrait-il à traverser des périodes moins propices aux apprentissages ». Enfin, une approche intelligente et humaniste qui correspond à ce dont je rêve pour Justine ! Hélas encore pour elle, ce sont les dyslexiques qui sont ici prioritaires. Pas les chrysalides recroquevillées…

*

Nous sommes donc en mai, et toujours pas la moindre piste à l'horizon pour la rentrée prochaine. Il ne nous reste plus beaucoup de cartouches, et le temps presse. Comme me l'a recommandé mon amie enseignante, j'ai pris rendez-vous avec le Centre d'information et d'orientation (CIO) de notre quartier, pour explorer les éventuelles possibilités à envisager du côté des lycées publics. L'un d'entre eux serait-il susceptible de prendre en charge ma fille, malgré ses antécédents scolaires biscornus, et surtout – c'est à la fois la condition principale et la plus difficile à remplir – de l'aider à surmonter ses appréhensions ? Je n'attends pas grand-chose de cette démarche, car je connais trop bien le lycée R. dont nous dépendons dans notre secteur : Simon, le grand frère de Justine, y a été scolarisé. C'est un établissement prestigieux et qui entend bien le rester, notamment à travers ses classes « prépas » qui font la fierté de son proviseur. Derrière la pompeuse façade centenaire qui se donne des airs de château, dans les salles de classe au parquet usé dont les lattes craquent au moindre pas, se déroule entre fils et filles de famille une rivalité féroce pour les meilleures places. Beaucoup de parents sont dans les affaires, certains dans la politique. Des stratégies de carrière et des réseaux s'y forgent tout naturellement entre ces jeunes loups clonés. Totalement indifférent à ces enjeux, et parfaitement bien dans sa peau, mon fils y a tout juste survécu en attendant sa délivrance par le bac. Qu'adviendrait-il à Justine si d'aventure elle se retrouvait dans cet établissement de près de 2 000 élèves ? Elle serait broyée dès la première semaine, et repartirait en courant se réfugier à la maison.

Quant aux autres établissements des environs, la plupart n'ont pas très bonne réputation, à cause d'une direction peu éclairée ou de la présence d'éléments perturbateurs, qui dans les deux cas débouchent sur des résultats insuffisants au bac et, par ricochet, sur la mise en place de stratégies d'évitement de la part des familles.

En me rendant au CIO avec Justine, je ne m'imagine donc pas que ce rendez-vous puisse déboucher sur un résultat concret. Mais sans doute est-ce aussi mon moral qui est en train de me lâcher, à force de recherches infructueuses.

*

La surprise n'en est que plus grande. Face à ma fille qui tente de lui expliquer son parcours cahoteux, la conseillère qui nous reçoit est parfaitement à l'écoute. Mieux : elle ne semble pas porter de jugement sur la rupture scolaire survenue un an et demi plus tôt. C'est déjà bon signe. De mon côté, je joue cartes sur table en reconnaissant que, jusqu'à maintenant, j'ai surtout étudié les possibilités de rescolarisation dans l'enseignement privé. « Mais le CNED, c'est bien l'enseignement public, non ? » me rappelle-t-elle en souriant. Et c'est très bien, souligne-t-elle, car cela va faciliter l'inscription de Justine dans un nouvel établissement : pour l'Éducation nationale, ce sera comme si elle changeait tout simplement de lycée à la suite d'un déménagement ! Une simple formalité… J'avoue que je n'avais pas encore analysé la question sous cet angle. Mais l'établissement dans lequel ma fille voudra bien se rendre chaque jour, pendant les deux années qui lui restent avant le bac, existe-t-il dans le secteur public ? J'en doute, et je ne m'en cache pas.

Notre interlocutrice a déjà été confrontée à la phobie scolaire, et elle a bien compris les termes dans lesquels se pose notre demande. Premier point : nous ne cherchons pas simplement un lycée, nous cherchons un lycée dans lequel Justine puisse imaginer qu'elle serait capable de surmonter sa phobie. Nuance. Deuxième point : pour réduire son angoisse à l'idée de retourner parmi d'autres lycéens, il lui faudrait une classe à petit effectif dans laquelle elle ait une chance de se sentir à l'aise. Troisième et dernier point : contrairement à d'autres parents, obsédés par les mentions au bac donnant accès aux grandes écoles, nous ne cherchons pas un lycée dit « d'excellence », juste un lycée « normal », avec des enseignants capables d'encourager les progrès des élèves au lieu de leur mettre la pression en permanence, et un environnement également normal, avec de bons élèves et d'autres moins bons – à l'image de notre société, dans laquelle tout le monde n'est pas identiquement performant. Car nos objectifs n'ont rien à voir avec ceux de ces parents devenus experts en réussite scolaire, que j'ai si souvent croisés dans les réunions à l'école. Nous nous contentons de nous en fixer deux, qui ne sont déjà pas si faciles à atteindre : le premier consiste à assurer, dès la rentrée prochaine, le retour et le maintien de Justine dans un cadre scolaire ; le second est l'obtention du bac, qui permettrait à Justine de pouvoir, enfin, passer à autre chose. En commençant par oublier le cauchemar qu'a pu être pour elle l'école, et cela depuis les toutes petites classes !

Avec le plus grand sérieux, la conseillère a pris de nombreuses notes sur une grande feuille blanche. Patiemment, elle a posé toutes sortes de questions à Justine. Puis elle a appelé à la rescousse une de ses collègues, qui connaît mieux qu'elle les établissements de notre quartier et des environs. Après s'être brièvement concertées, elles nous proposent une stratégie pour réintégrer Justine dans un établissement de l'Éducation nationale. Et quelle stratégie ! Je les en remercie encore...

« Il existe dans votre commune un petit lycée [appelons-le J] qui n'accueille pas plus de 450 élèves, nous expliquent les deux conseillères. C'est l'ancien lycée de filles. Il s'agit d'un établissement sérieux, sans être élitiste. » Justine et moi connaissons bien sûr son existence, mais ne disposons d'aucune information particulière à son sujet. « Ce qui est intéressant pour vous, a souligné la conseillère numéro 2, c'est que ce lycée possède une classe à petit effectif : la 1re L. Il y a moins de 20 élèves, cela pourrait donc convenir à Justine. » J'ouvre de grands yeux, moi qui avais en tête l'image galvaudée des classes de lycée surchargées, avec 35 à 40 élèves, comme c'était déjà le cas de mon temps. Cette classe du lycée J. est certainement une chance pour Justine, puisqu'elle veut précisément intégrer une 1re L. Mais comment y accéder ? Sur la carte scolaire, nous ne dépendons pas de cet établissement. Nos deux conseillères de choc ont réponse à tout. « Voyons... Justine a bien choisi l'italien en troisième langue ? C'est le seul lycée du secteur qui propose cette option, ce sera un bon argument pour demander une dérogation. » Je n'en reviens pas. Présenté de cette manière, tout paraît tellement simple... « Prenez tout de même contact avec le lycée R. dont vous dépendez, cela vaut mieux », nous conseillent nos interlocutrices.

Nous sommes le 9 juin, et enfin, une petite lueur s'est allumée, quelque part au bout du tunnel. En sortant de notre rendez-vous, nous faisons un crochet par le lycée J. Quelques lycéens fument tranquillementau soleil, devant la grille fermant l'accès à ce petitbâtiment des années soixante-dix récemment rénové. Le printemps embellit tout, la rue, la façade blanche, les filles qui rient, les balcons fleuris. Je regarde Justine : d'un signe, elle me signifie qu'elle est partante.

*

En revenant du CIO, je prends ma plus belle plume pour solliciter auprès de Mme Z., la proviseure, la dérogation dont Justine a besoin. Je commence par invoquer la fameuse option italien troisième langue dispensée par l'établissement qu'elle dirige, puis mentionne son caractère « familial » et sa taille réduite – ce qui faciliterait le retour à l'école de ma fille. De toute façon, il est hors de question de cacher sa phobie scolaire et ses deux années passées au CNED. Bien au contraire, car si elle est admise dans ce lycée, Justine aura besoin du soutien de ses professeurs. Il faut donc dire la vérité. J'envoie également un dossier au lycée R., par sécurité, conformément aux indications du CIO.

Et puis nous attendons. Près de trois semaines, qui nous paraissent une éternité. Enfin, nous recevons le coup de fil tant attendu. Nous avons rendez-vous avec la proviseure du lycée J. le lundi 29 juin. Le lycée R., lui, n'a donné aucune nouvelle. À la fin de la semaine, les grandes vacances commencent.

*

Le grand jour est arrivé. Pour la première fois, nous pénétrons à l'intérieur du lycée « de poche » que nous ont déniché nos conseillères du CIO : passé la grille donnant sur la rue et les quelques marches à monter, nous poussons une grande porte de verre donnant sur le hall d'entrée. J'ai les nerfs en boule, partagée entre la joie de toucher au but et la crainte d'un ultime refus. Mais pourquoi Mme Z. nous recevrait-elle si c'était pour rejeter l'inscription de Justine ? La voilà qui nous conduit à son bureau, au premier étage du seul et unique bâtiment du lycée. C'est une petite dame souriante, un peu ronde, les cheveux courts permanentés : elle a l'allure de la bonne fée des contes. Pleine de bienveillance, elle annonce à Justine la bonne nouvelle : une place lui est réservée en 1re L pour la rentrée de septembre ; avec elle, il y aura en tout 17 élèves. Soit la moitié de l'effectif d'une classe de lycée normale ! Quelle chance ! Pour la forme, Mme Z. pose quelques questions à Justine. A-t-elle déjà séjourné en Italie ? Quelles sont ses activités en dehors de l'école ? Quel métier voudrait-elle faire plus tard ? Mais rien sur sa rupture scolaire au début de sa classe de 3e, ni sur ses deux années passées à la maison. Comme s'il avait été tacitement convenu que nous ne parlerions pas de tout ça.

Une fois dans la rue, je laisse exploser ma joie. Enfin, Justine redevient une adolescente comme les autres ! Le retour prochain de ma fille à l'école est pour moi un soulagement extraordinaire – même si j'imagine que la rentrée risque de nous donner du fil à retordre. Je la regarde. Son nouveau lycée a l'air de lui plaire, le contact avec Mme Z. a été excellent, et elle a hâte de se faire de nouveaux amis. Mais elle est un peu inquiète : va-t-elle y arriver ? Tout ne risque-t-il pas de recommencer ? Je la rassure. Une classe de 17 élèves, cela n'a rien à voir avec ce qu'elle a connu. Et puis, des lycéens, c'est tout de même moins bête que des collégiens ! Tout se passera bien. De plus, nous avons deux mois pour préparer cette échéance. Tel un gri-gri, je serre contre moi le dossier d'inscription à remplir et à remettre très vite à l'administration, car les grandes vacances commencent dans quatre jours. Comme s'il risquait encore de s'envoler !

*

Le lendemain, à la première heure, je dépose le dossier dûment rempli à un CPE bougon – on ne peut pas tout avoir ! – et j'appelle le lycée R. pour annuler la candidature de Justine. J'avoue en avoir tiré un certain amusement : au bout du fil, mon interlocutrice a l'air scandalisée que nous ayons pu donner notre préférence au lycée J. « Je m'apprêtais à vous rappeler pour vous dire que nous avions une place pour votre fille », me rétorque-t-elle sur un ton pincé. Compte tenu du profil ultra-élitiste de cet établissement, cette dame n'aurait normalement pas dû être affectée par le désistement d'une élève atteinte de phobie scolaire, qui venait de passer deux ans à travailler à la maison par correspondance. Ce que j'ignorais, c'est qu'avec la désaffection à l'égard des études littéraires, tout élève souhaitant préparer un bac L malgré la sélection des meilleurs par les maths est devenu un enjeu pour les établissements recruteurs. À un élève près, une filière peut disparaître d'un lycée, alors que la présence d'une classe littéraire reste un gage de standing pour les chefs d'établissement. C'est probablement pourquoi Mme Z. a accueilli Justine à bras ouverts, malgré son pedigree scolaire atypique. Et c'est pourquoi, au lycée R., mon interlocutrice s'accroche à la candidature de ma fille.

Pour ne pas me montrer inutilement désagréable, j'invoque en guise d'explication la fameuse option italien troisième langue, que le lycée R. ne peut assurer. Cela doit, à mes yeux, clore notre conversation. Mais elle insiste, avançant l'argument auquel je m'attendais le moins, et qui prouve qu'elle n'a même pas jeté un coup d'œil au dossier de Justine : « Mais vous savez, votre fille peut tout à fait suivre l'italien par correspondance au CNED ! » À la maison, il nous arrive encore d'en rire.

Chapitre 28

Des sentiments contradictoires
Justine

Cette fois, c'est sûr : à la rentrée prochaine, je retourne dans un lycée de mon quartier. Ce qui me comble de joie. Au moins, il ne s'agit pas d'une des écoles bizarres que ma mère m'a fait visiter, ni d'un établissement réservé à des élèves ayant un problème. Celui-là me convient parfaitement. Deux années de scolarité à la maison m'ont réconciliée avec moi-même, et j'ai gagné en confiance. Maintenant, je me sens prête à revenir dans un établissement et à me confronter aux autres élèves. En ce début d'été, j'ai même hâte de retrouver une vie sociale active, de faire de nouvelles rencontres, et de me découvrir des affinités avec des personnes inconnues.

À mes yeux, ce retour dans une salle de classe n'a aucun rapport avec la qualité de mes études. À la fin de mon année de 2de, j'aurais volontiers continué au CNED, dont les méthodes me convenaient, et où j'avais mes habitudes. L'argument qui m'a fait réfléchir, et m'a convaincue de l'intérêt de revenir dans un établissement, est d'une autre nature : ma solitude grandissante me pèse au point d'en devenir presque insupportable. En étudiant à la maison, j'ai gagné une certaine tranquillité, mais ma vie sociale ressemble à un désert. Parsemé surtout de réunions familiales. J'ai beau avoir une grande famille, mon cercle était dorénavant trop étroit. À présent que mon mal-être se fait plus discret, rencontrer de nouvelles têtes s'impose. C'est pourquoi, lors de notre rencontre avec Mme Z, sa bonne humeur et son sourire ont levé mes derniers doutes. En sortant du bureau, j'avais furieusement envie d'entrer dans son lycée. Ce rendez-vous était tombé à point nommé.

*

Mais que de détours avant d'en arriver là ! Un mois plus tôt, en mai, je m'étais présentée pour la seconde fois aux tests d'entrée du lycée E., hélas sans plus de succès. Nous étions nombreux à tenter notre chance, et les cours de maths de Zoé et ma confiance retrouvée n'ont pas suffi à me propulser parmi les dizaines d'admis. J'ai, une fois de plus, été déçue, mais moins que précédemment puisque j'avais arrêté de fantasmer sur cet établissement. C'était un lycée parmi d'autres, après tout. Entre les deux tentatives, comme prévu, j'avais régulièrement rendu visite au directeur pour lui montrer mes bulletins, et redécouvert l'ambiance d'un lieu scolaire. Je me suis également rendu compte combien le lycée n'a plus grand-chose à voir avec le collège. Les lycéens que je rencontrais me paraissaient en effet bien plus mûrs et intelligents que les petits ados qui m'avaient rendu la vie impossible.

Maman, qui a son petit côté hyperactif, avait pris contact avec d'autres endroits. Je m'y intéressais de loin. De temps en temps, elle me tenait informée de ses recherches. Mais progressivement, mon attitude a évolué et je me suis mise à écouter plus attentivement ses comptes rendus, sans pour autant prendre une part active aux démarches. C'est lorsque nous sommes allées ensemble au Centre d'information et d'orientation (CIO) pour trouver un lycée public que mon intérêt s'est réveillé. Je me suis sentie plus impliquée. Peut-être parce que j'étais devenue motivée et encline à retourner en classe. Il ne m'était plus nécessaire de rester seule à la maison pour étudier. J'avais franchi un cap en retrouvant une certaine confiance en moi comme dans mes compétences scolaires.

*

Avec mes parents, je parlais assez souvent de la « nouvelle Justine » que je voulais être, et que j'étais peut-être déjà. J'étais donc curieuse de savoir ce que cette fille serait capable de faire dans l'enceinte d'un lycée. Regonflée à bloc et pleine d'énergie, j'avais besoin de me tester. Or, après notre visite au CIO, s'ouvrait la possibilité de mettre fin à la situation dans laquelle je m'étais mise, et dont je voulais désormais sortir. Mais j'ai évité d'en parler à qui que ce soit dans mon entourage. Tant que rien n'était définitif, je préférais demeurer discrète… si jamais cela ne débouchait pas.

Le jour de notre rendez-vous avec Mme Z., j'ai immédiatement ressenti des ondes positives. Étant assez sensible à mon cadre de vie, j'ai d'abord aimé le quartier. La rue de l'établissement, plutôt étroite, était aménagée pour les piétons. À proximité, il y avait un café à la terrasse animée où des lycéens discutaient entre eux, une librairie, un traiteur italien et toutes sortes d'autres commerces. La verdure était omniprésente, car le bâtiment était construit dans un ancien parc, et quelques beaux arbres subsistaient dans la cour. Une certaine intimité et une ambiance de village se dégageaient des rues alentour. Une atmosphère en harmonie avec mon état d'esprit. Quant au lycée lui-même, ses dimensions n'étaient pas excessives, ce qui m'a rassurée. Un calme apaisant semblait y régner, mais peut-être était-ce dû à l'approche des vacances d'été. Il n'y avait plus grand-monde dans les couloirs !

Mme Z. nous a accueillies dans le hall d'entrée avec un grand sourire et un regard bienveillant. Aussitôt, elle m'a paru être une femme ouverte d'esprit, généreuse et positive. Une fois dans son bureau, nous avons beaucoup parlé de moi, de ce que j'aimais dans la vie, de ce que je voulais faire plus tard. Nous n'avons pas du tout évoqué ma phobie scolaire, ni la période où j'avais été scolarisée à la maison. Comme si le passé – mon passé – n'avait plus d'importance. La seule chose qui semblait compter à ses yeux, c'était la Justine d'aujourd'hui. Et moi aussi, je me sentais désormais tournée vers l'avenir. Tout le reste, je n'avais plus qu'une seule envie : l'oublier.

À la fin de l'entretien, la proviseure a annoncé qu'il restait une place pour moi dans son lycée, puis nous a raccompagné. Je n'ai d'abord pas réalisé ce qu'elle venait de me dire et ai répété sa phrase dans ma tête. Puis j'ai pris conscience que j'y étais ! Le travail que j'avais fourni et les efforts de ma mère pour trouver le lycée me correspondant avaient enfin porté leurs fruits. Je suis repartie de ce rendez-vous le sourire aux lèvres, cette bonne nouvelle m'arrivant comme une récompense que je jugeais méritée : j'avais travaillé d'arrache-pied et réussi peu à peu à me reconstruire, même si je savais qu'il me faudrait poursuivre mes efforts encore longtemps. En sortant du nouvel établissement, j'éprouvais une certaine satisfaction à regarder le chemin parcouru, et je réalisais, avec une certaine excitation, qu'un nouveau chapitre de ma vie s'ouvrait.

*

Ce que j'ai fait de bien, je peux en être fière. N'ai-je pas démontré aux autres qu'il est possible de réussir sans suivre les voies tracées par l'Éducation nationale ? Chercher à faire emprunter le même chemin à tous n'est pas la meilleure méthode. J'en suis la preuve vivante, et je sais maintenant que je ne suis pas la seule à avoir expérimenté les sentiers de traverse. À présent, je constate que mon entourage porte un regard nouveau sur moi, je le sens fier de mon parcours, du courage et de la force dont j'ai dû faire preuve pour découvrir mon propre itinéraire, loin des règles établies. Pour, finalement, retourner dans un lycée au bout de deux années. On peut dire que j'ai atteint mon objectif : réussir malgré ma peur des autres en classe, et me prouver que je valais autant qu'eux. C'était dur, mais j'y suis parvenue.

À partir de maintenant, beaucoup de choses vont changer. Je vais enfin reprendre une vie normale et laisser ma solitude derrière moi. Je réalise avoir très envie de rejoindre le courant normal de l'existence, même si cela me fait encore un peu peur. De ce point de vue, j'ai encore pas mal de travail et de progrès à effectuer. Et je risque de connaître d'autres moments difficiles. Mais j'ai confiance. En interrompant le collège, en réussissant deux années scolaires de suite à domicile, et en obtenant mon brevet, je me suis convaincue de croire en moi et en mes capacités. La nouvelle Justine est prête à se battre. Prochain objectif : me prouver que je suis capable de décrocher le baccalauréat.

Chapitre 29

Retrouver la confiance

Anne-Marie

Pour la plupart des lycéens entrant en 1re comme Justine, ce 3 septembre 2009 n'est qu'une banale journée de rentrée, qui sonne surtout l'heure des retrouvailles avec les copains après les vacances d'été. Mais pour elle, c'est la date du grand saut dans l'inconnu. Nous sommes un vendredi, et la présence des élèves n'est requise que quelques heures, le temps pour eux de découvrir leur emploi du temps, de prendre possession de leurs livres de classe et de remplir les fiches de renseignement demandées par les professeurs. Or, après deux années passées à la maison, pour Justine, c'est un véritable Himalaya ! Heureusement, elle aura tout un week-end pour se remettre de ses émotions.

En plongeant ma fille dans le grand bain du lycée, je n'ignore pas que nous prenons des risques, elle et moi. Mais il n'y a pas d'autre choix. À 17 ans, elle a fini par mûrir (un peu) et prendre conscience de l'importance des études. Elle a compris que sa liberté de future adulte en dépend. C'est ce qui l'a convaincue de reprendre le chemin de l'école, quoi qu'il lui en coûte. Bref, elle est motivée, pour la première fois depuis longtemps. Sa courte psychothérapie et les succès dont elle peut se prévaloir – l'obtention du brevet et deux années scolaires validées – lui ont aussi permis d'avoir une vision moins négative d'elle-même. Je ne manque pas une occasion de lui répéter qu'on ne franchit pas de telles étapes par hasard, et qu'il faut bien pour cela posséder certaines qualités. Mais je sais qu'elle n'en est pas convaincue à 100 %. Cyclothymique, elle alterne les périodes d'enthousiasme, dès qu'elle réussit quelque chose dont elle se faisait une montagne, et les périodes de déprime, dès qu'elle se heurte à un obstacle qui lui résiste – ce qui arrive assez souvent. Bref, sa confiance est encore loin d'être acquise, et le découragement va la guetter pendant cette année scolaire, pour peu que ses résultats laissent à désirer.

Plus encore que la quantité de travail à fournir ou les épreuves anticipées du bac à passer en fin d'année, c'est surtout la présence de cet adversaire intime et coriace, le manque de confiance, qui rend cette rentrée si périlleuse.

*

Aussi surprenant que cela puisse paraître, c'est pourtant dans une certaine euphorie que se déroulent les premières journées. Justine arbore fièrement un large sourire, tel l'alpiniste Hillary lors de son arrivée au sommet de l'Everest. Chaque petite victoire contre elle-même est un motif de satisfaction : entrer seule dans l'enceinte du lycée quand la plupart des élèves arrivent en bande, affronter le regard des autres, demander l'emplacement d'une salle à un camarade qu'elle ne connaît pas – et je sais combien tout cela lui demande d'efforts. C'est aussi le temps des découvertes. Tout est nouveau pour elle, les professeurs qui voussoient les élèves, la liberté d'entrer et de sortir sans avoir à produire une autorisation, le foyer où les lycéens peuvent venir se détendre entre deux cours : un univers bien différent de celui du collège qu'elle a arrêté de fréquenter voilà deux ans. Dans cette ambiance décontractée, elle découvre qu'elle ne sera plus jamais traitée comme une enfant. Et elle commence à se rendre compte que cette rentrée n'est pas un retour en arrière, comme elle le craignait, mais au contraire un tremplin pour pouvoir rebondir après deux années entre parenthèses. Avec la foi du converti, elle professe désormais sa volonté d'arriver à bon port. C'est-à-dire au bac.

Mais l'attrait de la nouveauté cède bientôt la place aux premières difficultés. C'était prévisible. Il ne pouvait pas y avoir de miracle. Pendant ses deux années passées à la maison, et même si elle a travaillé consciencieusement au CNED, Justine n'a pas été portée par ces progrès que l'on fait collectivement, entraînée par le mouvement d'une classe, et par l'émulation qui règne entre élèves. En 3e et surtout en 2de, les autres élèves ont pris l'habitude de noter à la volée les cours de leurs professeurs : une agilité qui lui manque cruellement. Quand elle a arrêté d'aller au collège, les professeurs découpaient clairement leurs cours, dictaient les têtes de chapitre, et parfois même les écrivaient encore au tableau. Il lui faut maintenant rattraper cet énorme retard, mais cela ne peut se faire du jour au lendemain. Fatalement, ce retard va la suivre un certain temps. Ne risque-t-elle pas de se décourager ?

D'une façon plus générale, Justine a du mal à suivre le tempo de la classe. Sa lenteur lui jouait déjà des tours au collège. À la maison, elle a pris l'habitude de travailler en prenant tout son temps. Cela l'a rassurée et lui a permis d'acquérir des connaissances à son rythme. Mais maintenant, il lui faut accélérer, et ce n'est pas une mince affaire. Lors des contrôles, elle est systématiquement en train de répondre aux premières questions quand il est déjà l'heure de rendre sa copie. Et la conscience de ce handicap, en produisant du stress, semble même la paralyser encore un peu plus. Autre difficulté qui la taraude : même devant sa classe à petit effectif, elle n'ose toujours pas prendre la parole, de peur de répondre de travers et de subir les moqueries de ses camarades.

« Tout cela va s'arranger, vous verrez, nous serons là pour soutenir Justine dans ses efforts », m'assure avec conviction la professeure principale, Mme de B., à qui j'ai demandé rendez-vous très rapidement. Cette jeune femme ouverte et sympathique, qui enseigne l'anglais, a bien conscience que cette rentrée est pour

Justine un véritable défi. Ma fille a une chance inouïe de tomber sur cette enseignante, qui accepte de l'aider à le relever.

*

Évidemment, il n'est pas question de demander un traitement de faveur pour ma fille. Pour cette transition difficile entre l'école à la maison et le lycée, je réclame seulement qu'on porte sur elle un regard bienveillant et positif : qu'elle soit encouragée lorsqu'elle réussit, mais qu'on évite de la stigmatiser et de la culpabiliser lorsqu'elle n'y arrive pas. Une attitude que la jeune professeure d'anglais semble pratiquer spontanément, avec une énergie communicative et beaucoup de bonne humeur.

De façon sans doute délibérée (j'imagine que Mme de B. a passé le mot aux autres enseignants), je constate qu'il se constitue autour de Justine un petit groupe de professeurs prêts à lui donner ce coup de pouce pour soutenir son moral et l'aider à vaincre son manque d'assurance. Ces enseignants, qui connaissent ses points faibles, la sollicitent le plus souvent possible, l'obligent à prendre la parole devant les autres, valorisent ses bonnes réponses. Je sais cette aide d'autant plus précieuse que cette démarche positive, cette bienveillance, sont assez étrangères au système éducatif français qui élimine et sélectionne impitoyablement, au lieu d'encourager. Justine en a largement souffert à l'école et au collège.

Cependant, parmi ses professeurs actuels, je découvre bientôt que certains d'entre eux n'ont pas la moindre envie de déroger à leurs habitudes.

*

L'occasion m'en est fournie par la première réunion parents-professeurs. Un rituel qui se déroule chaque année à la mi-novembre, après les vacances de la Toussaint : chaque enseignant est censé y recevoir individuellement tous les parents qui en font la demande lors de rencontres strictement minutées, à la manière d'un *speed dating*. Un rendez-vous que je ne manquerais pour rien au monde, surtout cette année.

Physique, italien, espagnol... Après plusieurs échanges dont je tire des conclusions plutôt encourageantes, me voilà devant la professeure de français : cette enseignante en fin de carrière manifestement très désabusée me parle de « l'inertie » de Justine d'un ton las, mais sans appel. À ses yeux, me fait-elle comprendre à demi-mot, l'échec est déjà annoncé. Sans compter les vieux démons qui reviennent en force : Justine « ne s'exprime pas », me dit-elle... En six minutes chrono, je me suis pris une sacrée claque, et je suis brutalement descendue du petit nuage sur lequel je me trouvais depuis le retour de Justine sur les bancs du lycée. Je me croirais presque revenue face à cette institutrice de maternelle qui me disait, voici plus de dix ans, sur un ton de reproche, ne pas avoir entendu la voix de ma fille de toute l'année ! Tout ça pour ça... Voici que le même cauchemar recommence.

Heureusement, c'est avec Mme de B. que j'ai rendez-vous après cette conversation d'autant plus démoralisante qu'elle soulève, j'en suis bien consciente, de véritables questions. Prudemment, en essayant de ne pas mettre en cause sa collègue pour éviter un problème diplomatique, je lui fais part des remarques que je viens d'entendre. « En tout cas, en anglais, elle parle ! » me lance-t-elle d'un ton enjoué, avant de dresser un bilan plutôt positif du premier trimestre de Justine. Sans doute a-t-elle compris que, pour y croire, ma fille a besoin que je sois optimiste. C'est donc à moi, cette fois, qu'elle remonte le moral ! Je souris à l'enseignante, pleine de reconnaissance. Mais je rentre tout de même à la maison assez préoccupée.

*

Un peu moins de deux années nous séparent désormais du bac, et il s'agit de tenir la distance. Ces premières semaines ont donné le ton de ce que nous allons avoir à vivre jusqu'en juillet de l'année suivante, avec des hauts et des bas amplifiés par l'extraordinaire caisse de résonance formée par l'hypersensibilité et l'émotivité de Justine.

Un jour, la voilà qui rentre du lycée excitée comme une petite fille parce qu'elle a obtenu la première note de la classe dans une matière qu'elle aime bien. Le lendemain, elle ne dort pas de la nuit car elle doit présenter un exposé d'italien qu'elle a répété au moins dix fois dans la cuisine pendant que je préparais le dîner. Bien entendu, tout se passe très bien et l'enseignante, membre officiel du club des professeurs supporters, la félicite chaleureusement : la voilà de nouveau remontée à bloc. Certains soirs, elle veille jusqu'à une heure avancée de la nuit pour terminer ses devoirs, que d'autres expédient en beaucoup moins de temps : elle manque d'organisation, mais refuse de faire la moindre impasse. D'autres fois, elle ne sait plus par quoi commencer et se met à paniquer : elle a l'impression qu'on lui en demande bien plus que ce qu'elle peut fournir, ce qui n'est peut-être pas tout à fait faux. Nous devons alors reprendre ensemble son cahier de textes, analyser ce qui est le plus urgent, ce qui peut attendre le lendemain ou le surlendemain, ce qui mérite qu'on y passe du temps, ce qui peut être plus facilement survolé. Ensemble, nous remplissons des plannings de devoirs ou de révisions pour la semaine afin de cadrer son travail. Cela la rassure, mais en réalité, elle a un mal fou à les respecter. À ce rythme, elle est stressée et fatiguée en permanence, car toujours en retard d'un devoir et de plusieurs heures de sommeil.

Est-il possible, à 17 ans, d'acquérir les habitudes de travail que d'autres possèdent depuis le collège, voire l'école primaire ? C'est une question que je me pose souvent. Selon la doxa de l'Éducation nationale, je le sais, tout est joué dès 6 ans, et les conséquences en sont effrayantes. Selon certains psychologues dont l'influence ne cesse de s'étendre auprès des enseignants (et des parents !), c'est même avant 3 ans que les dés seraient jetés. Si cela est complètement vrai, c'est en vain que je me serais démenée pour que ma fille continue à étudier à la maison malgré sa phobie, et revienne ensuite dans le circuit scolaire. Et mon acharnement aurait une conséquence particulièrement néfaste : je serais en train de la rendre très malheureuse, peut-être pour le restant de ses jours, en lui imposant de ne pas jeter l'éponge avant d'avoir tenté sérieusement de reprendre sa destinée en main. Cette interrogation, je l'ai eue à l'esprit depuis le début. Avais-je raison ? Je me posais la question au moins dix fois pas jour. Mais malgré le risque d'échec, jamais je n'ai pu me résigner à ce déterminisme scolaire qui rangeait Justine dans une catégorie dont elle était prisonnière. Pour elle, comme pour son frère, je voulais un métier qu'elle aurait choisi. Il lui fallait pour cela arriver jusqu'au stade où elle aurait les moyens de faire son propre choix, au lieu de se le faire imposer par défaut.

*

Avec l'entrée de Justine en classe de 1re au lycée J., je sais que l'heure de vérité approche, et j'espère une fois de plus ne pas avoir fait fausse route. Par manque de confiance en elle, Justine continue de redouter les oraux, au point de ne pas se méfier suffisamment des épreuves écrites.

Le premier qu'elle doit passer devrait pourtant la rassurer : il s'agit de la présentation orale des « travaux personnels encadrés » (TPE), une sorte de mémoire préparé à deux pendant plusieurs mois sur un sujet défini par les élèves eux-mêmes – on a connu pire épreuve dans une vie de lycéen ! Justine et sa camarade ont choisi de comparer le travail de deux photographes, le Français Willy Ronis et l'Américaine Helen Levitt. Joli sujet, sur lequel elles ont travaillé de façon inégale. Mais leur dossier tient la route, et leur exposé à deux voix n'est pas trop mal préparé. Cela n'empêche pas Justine, le jour venu, de vouloir disparaître à dix pieds sous terre. Terrorisée, elle n'arrive même plus à déglutir, tente de se raccrocher à l'idée qu'elle ne sera pas toute seule à parler, décroche de nouveau quelques instants plus tard. Je la dépose au lycée, la suis du regard pour m'assurer qu'elle est bien rentrée. Le soir, changement de ton : ma petite cyclothymique a réussi son exposé et elle n'a pas été dévorée toute crue par les méchants examinateurs ! Comme dans un jeu vidéo, nous venons de gagner une nouvelle vie. Pour combien de temps ?

Fin juin, quand je l'emmène à l'oral de français, qui se déroule dans un autre établissement que le sien, je lui jette des regards en coin tout en conduisant. Je l'observe qui se décompose de minute en minute, malgré son intervention réussie à l'oral du TPE. Il me faut la détendre. Au volant de ma petite voiture, je lui rappelle sur le ton le plus optimiste possible qu'elle a très bien revu la plupart des textes qu'elle présente, et qu'elle peut avoir une excellente note à cet oral. Malgré mes encouragements, lorsque nous nous arrêtons près de la grille de ce lycée, je constate que rien ne s'est arrangé. Elle est blanche comme je ne l'ai jamais vue. En fait, je constate qu'elle est presque verte. Elle est à deux doigts de partir en courant, pour ne plus jamais entendre parler de tout ça, je le sens. Mais il faut à tout prix éviter qu'elle fuie l'épreuve : ne pas se présenter, cela vaut zéro. Et c'est éliminatoire. Elle sort de la voiture pour se diriger vers l'entrée de l'établissement. Je vais rester là près d'une demi-heure avant de partir, pour m'assurer qu'elle ne ressort pas.

*

Heureusement, la vie d'une lycéenne ne se résume pas à l'effort et à l'étude, elle a aussi des à-côtés agréables. Justine en profite vraiment. Après une longue période où elle s'est mise en retrait, elle retrouve enfin les plaisirs de la vie en société. Elle se fait de nouveaux amis, sort avec eux le week-end, rentre le dimanche au petit matin après avoir dansé toute la nuit comme n'importe quelle fille de son âge. Et je n'arrive pas à le lui reprocher, comme sont censées le faire les mères : même si je n'arrive pas à m'endormir tant que je ne l'ai pas entendue tourner sa clé dans la serrure, je suis ravie qu'elle commence enfin à savourer l'existence ! Cette nouvelle vie sociale, dont elle n'avait jamais avoué qu'elle lui avait manqué pendant ses deux années passées à la maison, est sans doute ma meilleure alliée. Tant que Justine s'amusera ainsi, elle travaillera aussi, et obtiendra peut-être son bac… Quel paradoxe !

Chapitre 30

Et pourquoi n'en serais-je pas capable ?

Justine

Le jour de ma rentrée en 1re, c'est riche d'un esprit positif que je franchis la grille du lycée. La journée est chaude et ensoleillée. En entrant dans le hall, je retrouve d'autres élèves attendant que le proviseur adjoint nous répartisse dans nos salles respectives. Un peu à l'écart, je les regarde avec une certaine appréhension. Mais en montant les escaliers menant à la salle de classe de la 1re L, j'aperçois une fille grande et mince au style cool et décontracté. Et comme j'ai envie de me mettre tout de suite dans le bain, j'ose lui adresser la parole. Elle me répond avec un grand sourire chaleureux et, aussitôt, un début de complicité se tisse. Cette fille, Inès, deviendra l'une de mes meilleures amies, et surtout une alliée de choc ! En classe, nous nous asseyons côte à côte et nous amusons à scruter nos camarades, en attendant que quelqu'un nous délivre l'emploi du temps, le programme de l'année, la liste des fournitures et qu'on distribue les livres. Nous nous connaissons à peine, mais nous y allons allégrement de nos petits commentaires sur ceux qui nous entourent. Comme une gamine, je redécouvre les petits plaisirs de l'école dans le cadre, nouveau pour moi, du lycée.

*

Au fil des semaines, hélas, mon optimisme du début fléchit, les difficultés rencontrées le mettant à rude épreuve. M'adapter aux horaires constitue un premier défi de taille. À présent, je dois la plupart du temps être debout à 7 heures, ce dont j'avais complètement perdu l'habitude. Certaines semaines, me lever me paraît très dur, mais si je veux arriver à l'heure, je n'ai pas le choix. Souvent, mes parents me sauvent la mise en m'emmenant en voiture, si bien que je ne suis presque jamais en retard. Et heureusement, car les rares fois où cela m'arrive, j'en suis malade. Dans ces cas-là, je retrouve mes vieux réflexes et ma phobie réapparaît.

Si je déteste autant arriver en retard, c'est parce que cela m'oblige à toquer à la porte de la salle de cours et à affronter tous les regards. Mon malaise étant déjà à son comble, ensuite, il faudra du temps pour trouver une place, ce qui prolongera mon embarras. De quoi perdre tous mes moyens.

Arriver à la bourre présente un autre inconvénient : attendre une bonne dizaine de minutes sur le trottoir, devant le lycée fermé, avant que le CPE fasse entrer tous les retardataires en même temps. Je me demande s'il le fait exprès. Une fois la grille ouverte, nous perdons encore cinq à dix minutes, le temps de remplir nos billets de retard, le tout agrémenté d'une phrase un peu militaire du type : « Touchard, toujours en retard ! » Au départ, je suis terrorisée par ce CPE d'un certain âge, aigri et toujours en train de ronchonner. Mais après quelques semaines, je prends modèle sur les autres élèves : je ne fais plus trop attention à ce qu'il dit. Deviendrais-je une lycéenne lambda ? J'ai encore de la marge…

Certaines angoisses rencontrées au collège sont en effet loin d'avoir disparu. Par exemple, je déteste toujours autant me trouver au milieu des autres élèves lorsque le prof décide de nous poser des questions : j'ai peur de parler devant un auditoire nombreux et attentif. Dès que l'attention se porte sur moi, je me sens gênée, et bientôt paralysée. Même chose si j'ai un exposé à présenter. Le sol se dérobe sous mes pieds au moment même où je me lève pour approcher du tableau. Face aux autres, je deviens toute rouge comme autrefois, ma voix tremblote et je peine à parler fort. Tout ce que j'ai préparé est alors plus ou moins réduit à néant. La peur et le stress rendent mon discours monotone, hachuré, difficilement compréhensible, donc inintéressant. Bref, une catastrophe.

Autre difficulté : le rythme des cours, que j'ai parfois du mal à suivre. Par rapport au collège, tout va plus vite, c'est normal. Maintenant, la plupart des cours se prennent sous la dictée. Seule la prof d'italien en écrit une partie au tableau. Au début, je peine donc à suivre et demande souvent à un camarade de me passer ses feuilles, pour compléter mes notes. Mais petit à petit, je réussis à prendre le rythme et à ne plus solliciter d'aide. Je deviens plus autonome. En revanche, je suis toujours à la traîne durant les contrôles. J'ai beau essayer de me concentrer, au moment où j'arrive enfin à me mettre en route il est déjà temps de rendre la copie. Cela représente un gros handicap car je réussis rarement à répondre à toutes les questions dans le délai imparti, et mes notes s'en ressentent. Pourtant, au fil de l'année, je m'améliore un peu.

*

Comme autrefois, l'heure de la cantine reste mon moment préféré – bien que la nourriture ne soit pas meilleure qu'au collège. Un énorme changement est intervenu : s'il m'arrive encore de manger dans mon coin, je déjeune souvent en compagnie de plusieurs amis, instants que j'apprécie à leur juste valeur. Dans ce domaine, comme dans d'autres, j'ai fait des progrès ! Je me sens assez fière de réussir à aller en cours, même si parfois j'éprouve l'envie de sécher pour éviter les obstacles qui se dressent. Une tentation à laquelle j'arrive à résister.

Quelques très bons amis, rencontrés dès les premiers jours, m'apportent leur appui. Parmi eux, il me faut citer Inès, Lucie, Sarah, William – et Nouha, en terminale. J'ai pu compter sur eux dans les moments difficiles, et ils m'ont redonné confiance. Grâce à Inès, Nouha et Lucie, j'ai vite retrouvé une vie de lycéenne. Organisant des soirées chez elles, m'entraînant dans les discothèques, elles ont aussi passé des après-midi avec moi, à discuter entre filles. Nous échangeons beaucoup de conseils. Parfois, nous improvisons des séances de maquillage ou de shopping durant lesquelles elles me montrent ce qui me va ou pas. J'apprends à prendre soin de moi, à devenir plus coquette. Avec Lucie et Sarah, pendant les récrés, nous partageons des fous rires à n'en plus finir. Quant à William, nous aimons bien nous taquiner l'un l'autre, en échangeant des piques ou en chahutant dans les couloirs. Grâce à eux, je suis plus confiante, joyeuse, optimiste, courageuse, plus forte. Ils sont toujours là pour me remonter le moral.

*

Certains enseignants ont pris mon parti et me soutiennent, ce qui m'était rarement arrivé. Je pense surtout à mes profs d'anglais, d'italien et… de sport, la discipline que je déteste le plus au monde ! Par rapport au collège, je me suis donc sentie bien plus encouragée, les enseignants reconnaissant la valeur de mon travail, que je termine d'ailleurs souvent tard le soir. Dans ce lycée, ils paraissent, pour la plupart, soucieux de l'évolution de leurs élèves et tiennent compte des rythmes différents des uns et des autres. En cours, l'ambiance est à la fois détendue et concentrée. En grande majorité, élèves comme professeurs, nous sommes à l'écoute les uns des autres. Pour la première fois de ma vie, je suis presque heureuse en classe.

*

La fin de l'année de 1re a fini par arriver, et avec elle, les premières échéances du baccalauréat. Deux épreuves m'effrayent plus que les autres, deux oraux, évidemment : il s'agit des Travaux personnalisés encadrés (TPE) et du français. Pour la première, je fais équipe avec Inès, avec qui nous devons présenter une étude sur la photographie sur laquelle nous avons œuvré plusieurs mois. Plusieurs nuits de suite je n'en ai pas dormi, ne cessant de penser à ma prestation, que j'imaginais catastrophique.

Le jour venu, pourtant, nous ne nous en sortons pas trop mal, aussi bien elle que moi. Les jours suivants, je suis même assez fière : j'ai non seulement réussi à dire ce que j'avais prévu, mais répondu aux questions du jury avec une certaine assurance. Toutefois, l'effet positif ne se prolonge pas longtemps. Mes angoisses me reprennent vite dans la perspective de l'oral de français. J'ai pourtant préparé mes textes et répété à de nombreuses reprises avec maman. Mais j'éprouve une peur bleue de ne pas savoir retrouver mes connaissances face à l'examinateur. Je suis encore plus inquiète qu'aux écrits ! Pourquoi ? Parce qu'au moins, face à la copie, on a un peu de temps pour réfléchir et on ne voit pas la tête de celui ou celle qui corrige. Alors qu'à l'oral, on a tout le loisir d'interpréter les réactions ou mimiques de l'examinateur comme négatives. Ainsi fantasment tous les angoissés.

Mais au final, je suis ressortie vivante de chacune de ces épreuves. Et j'ai continué à m'accrocher !

Chapitre 31

L'heure de vérité

Anne-Marie

À la fin de l'année de 1re, je me suis sentie un peu rassurée, même si Justine était loin d'avoir fait des étincelles lors des épreuves dites « anticipées » du baccalauréat qu'elle venait de passer, et qui étaient assez nombreuses : français écrit et oral, sciences de la vie et de la terre, mathématiques... Ce dont j'étais maintenant certaine, c'est que ma fille ne quitterait pas son nouveau lycée en cours d'année comme elle avait quitté le collège trois ans plus tôt. Qu'elle obtienne ou non son bac, son passé chaotique ne l'empêcherait plus d'aller jusqu'à la fin de sa scolarité, et c'était déjà pour moi une vraie victoire, et un extraordinaire soulagement.

La patience de quelques professeurs, l'amitié de quelques bons camarades qu'elle avait rencontrés dans son nouveau lycée, et le soutien sans faille de sa famille l'avaient remise sur les bons rails, même s'il était évident qu'elle aurait encore besoin de temps pour mûrir, et surmonter définitivement toutes ses appréhensions. À ce stade de notre aventure commune, j'estimais qu'elle avait fait la partie la plus difficile du chemin – et nous aussi, qui lui avons servi de sherpas. Il n'y avait plus qu'à maintenir le rythme afin d'arriver tout en haut du sommet. La distance qui restait à parcourir était encore longue, mais la voie était tracée et nous étions entraînés.

C'était compter sans quelques obstacles que nous n'avions pas prévus !

*

Entre un programme plutôt chargé, malgré les épreuves déjà passées l'année précédente, les révisions pour les bacs blancs et les nombreuses réunions au lycée et visites de salons préludant aux choix d'orientation à faire avant mars, l'année de terminale a filé à toute allure. Nous l'avons à peine vue passer. Les premières épreuves, portant sur les matières à option, commençaient dès le début du mois de mai ! Objectivement, l'année était donc très courte, mais subjectivement bien assez longue pour que l'inquiétude, le manque de confiance et la crainte de l'oral distillent petit à petit tout leur poison dans l'esprit de Justine.

La date des examens approchant, elle donnait l'impression de se décomposer lentement, et irréversiblement. Au lieu de se persuader que le travail qu'elle fournissait très régulièrement devait lui permettre de passer ses épreuves sans encombre, et que par ailleurs ce ne serait pas la fin du monde si elle n'obtenait pas son bac, le stress lui interdisait toute réflexion logique. Une fois de plus, ses sentiments prenaient le contrôle de toutes ses fonctions rationnelles. Au-delà du fait que, dans ces conditions, ses chances d'obtenir son diplôme s'amenuisaient, c'était surtout un terrible gâchis humain, car elle étudiait sérieusement, mais n'en tirait pas le moindre profit. Elle avait enclenché la spirale de l'échec, et je ne voyais pas très bien comment l'aider à reprogrammer son mental avant qu'il ne soit trop tard.

Par chance, mon amie Irène connaissait une coach qui travaillait sur ces problèmes en milieu professionnel. Cette psychologue de formation aidait des managers à reprendre confiance en eux et à prendre la parole en public. Elle préparait également certains de leurs collaborateurs à réussir des examens qui leur permettraient de progresser dans leur entreprise et de prendre de nouvelles responsabilités. Pour Justine, c'était déjà une découverte d'apprendre que des adultes, déjà engagés dans la vie active, pouvaient avoir besoin de ce genre de soutien : cela relativisait les difficultés qu'elle-même, simple lycéenne, rencontrait. Elle a appelé cette dame, et le courant est tout de suite passé entre elles. Touchée par l'histoire de Justine, celle-ci l'a aidée à reprendre pied avant ses examens, et à mieux contrôler ses accès de panique, surtout à l'oral. Elle a écouté ses peurs, retravaillé sur sa confiance, et lui a donné quelques conseils de méthode pour ne pas perdre tous ses moyens au moment crucial. Son intervention a sans doute été décisive dans la réussite de Justine.

*

Pourtant, je n'étais pas encore au bout de mes frayeurs. Pas besoin d'aller chercher très loin dans ma mémoire pour me repasser le film de la journée du 6 mai, celle où j'ai vraiment cru que tous les efforts de Justine, et les miens, allaient être réduits à néant en l'espace de quelques minutes. Je m'y revois comme si c'était hier.

Ce jour-là se déroulait la fameuse épreuve de danse, dite option « facultative », à laquelle il était possible de s'inscrire en plus de toutes les autres matières, dont les options dites « obligatoires » selon la terminologie de l'Éducation nationale parfois digne des Shadoks, ces personnages de dessin animé si logiques dans leur délire. Faute d'avoir pu préparer un « bac danse » comme elle en avait eu l'envie à un certain moment, Justine présenterait cette option susceptible de lui donner quelques points supplémentaires, fort utiles pour améliorer ses chances compte tenu de certaines notes insuffisantes qu'elle avait récoltées au bac anticipé en fin de 1re. Dans mon esprit, c'était se donner une petite sécurité dans un domaine d'excellence de Justine, qui prenait des cours depuis sa petite enfance et avait présenté de nombreux spectacles avec son école. C'était aussi une façon de valoriser ses compétences dans ce domaine.

Il se trouve que l'une des brochures du CNED reçues les années précédentes décrivait bien l'épreuve, qui consistait à créer et à présenter une petite chorégraphie – durée : deux à trois minutes – sur une musique de son choix, puis une improvisation encore plus courte sur un thème tiré au sort, et enfin un entretien avec le jury portant sur ces deux prestations. Le fascicule en question expliquait en outre comment se préparer à l'épreuve. Justine avait bien suivi les consignes, elle avait choisi sa musique, et mis au point sa chorégraphie, inspirée d'un spectacle sur Isadora Duncan que nous avions vu ensemble au Centre national de la danse. Elle avait même mis à contribution son professeur de danse, qui avait gentiment accepté de lui donner quelques conseils et l'avait même retenue plusieurs soirs après la fin du cours, pour la faire répéter. Il n'y avait donc aucune raison de se faire du souci : Justine n'aurait pas pu être mieux préparée à cette épreuve.

Ce n'était pas du tout son point de vue, mais elle s'était bien gardée de me le dire et j'étais à cent lieues de m'en douter. Je ne me rendais pas compte de ce qui se passait dans sa tête. Je percevais bien chez elle une certaine appréhension, mais cela me paraissait normal de la part d'une jeune fille émotive à la veille d'une épreuve du baccalauréat – même si cette épreuve était facultative et sans enjeu, puisque seuls les points au-dessus de la moyenne seraient pris en compte. Si elle la ratait, cela n'aurait aucune incidence sur son résultat final, et elle le savait. Il n'y avait donc aucune crainte à avoir.

L'épreuve était programmée à 13 h 30. J'ai retrouvé Justine un peu avant, nous avons grignoté ensemble, et je l'ai accompagnée jusqu'au lycée où se déroulait l'examen, dans lequel elle ne s'était jamais rendue jusqu'alors. Je l'ai embrassée, et je me suis dirigée vers le métro. Je ne suis pas restée devant l'établissement pour vérifier qu'elle ne ressortait pas au bout de quelques minutes, comme je l'avais fait pour le brevet, ou pour les épreuves anticipées du bac l'année précédente. J'avais confiance.

*

Et c'est là que la catastrophe s'est produite.

Ne me doutant toujours de rien, j'ai envoyé un texto à Justine avant de franchir le tourniquet du métro. Juste un petit message d'encouragement. Et la réponse que j'ai reçue était : « Je n'y vais pas. »

Mon sang n'a fait qu'un tour, et j'ai commencé à avoir des sueurs froides. Je ne suis pas montée dans la rame qui arrivait, j'ai rebroussé chemin, grimpé les marches à toute vitesse pour revenir devant le lycée, retrouver Justine, et essayer de la persuader de changer d'avis. Mais l'oiseau s'était déjà envolé. Je l'ai cherchée partout, je l'ai appelée à plusieurs reprises, elle ne répondait pas. Que faire ? Je ne pouvais pas passer cette épreuve à sa place… Après avoir fait le tour de toutes les possibilités, il ne me restait qu'un choix possible : redescendre dans le métro, et rejoindre mon bureau, où l'on m'attendait. Et c'est ce que j'ai fait, la mort dans l'âme.

Assise sur une banquette, je ruminais des idées sombres. Ne pas se présenter à une épreuve du baccalauréat était éliminatoire, une perspective qui me mettait le moral au plus bas. J'avais beau essayer de me raisonner en essayant de me convaincre qu'une option « facultative » n'était peut-être pas soumise à cette règle, je voyais déjà tous les projets que Justine avait commencé à faire tomber à l'eau. Or, si j'étais préparée à l'éventualité qu'elle puisse être recalée, l'idée qu'elle soit disqualifiée par sa seule défection à l'épreuve de danse me mettait dans une rage noire. Et même si cela ne la disqualifiait pas, c'était tout de même une bien mauvaise entrée en matière pour les épreuves, autrement plus difficiles, qui allaient suivre. Si elle fuyait la danse, que se passerait-il quand on en arriverait à la philosophie ou à la littérature ?

*

Le goût amer de cette journée ratée a mis longtemps à passer. D'abord, j'ai fini par avoir la confirmation que sécher une option facultative n'était pas éliminatoire. C'était déjà ça. Ensuite, Justine m'a promis que cela ne se reproduirait pas. J'ai remis à plus tard les explications : l'essentiel était désormais de pouvoir aller de l'avant malgré ce fâcheux incident de parcours. En attendant, j'ai essayé d'oublier cet épisode.

Différentes épreuves à option (obligatoires, celles-là) avaient lieu dans le courant du mois de mai. Justine s'y est rendue, et elles ne se sont pas trop mal passées. Et puis, il y a eu le 9 juin. C'était la première date décisive de l'un des chefs-d'œuvre du mammouth éducatif, version Big Brother : le système APB, pour Admission Post-bac. Un système informatique centralisé qui « mouline » les vœux de tous les candidats au baccalauréat (jusqu'à vingt par candidat !) et attribue ensuite les places, mais en plusieurs fois. Formuler les vœux, les classer et les valider : cela nous avait pris toutes les soirées d'une semaine du mois de mars. Il avait aussi fallu rentrer dans l'ordinateur toutes les notes inscrites sur les trois bulletins de 1re et ceux des deux premiers trimestres de terminale, et rédiger presque autant de « lettres de motivation » que de filières sélectionnées. Quel travail ! Au moins aussi difficile que les épreuves du bac, sauf que nous étions deux devant l'ordinateur à essayer de comprendre ce qu'on attendait de nous…

Par chance, le résultat était au rendez-vous : le 9 juin, le grand ordinateur avait accordé à Justine une place pour le premier vœu qu'elle avait formulé, sous réserve, bien sûr, d'obtenir son bac. C'était inespéré puisque, nous avait prévenus la proviseure du lycée lors d'une réunion, personne n'était assuré d'obtenir une réponse dès ce « premier tour », qui se terminait le 14 juin. Beaucoup d'élèves devraient attendre le deuxième tour (du 23 au 28 juin), voire le troisième (du 14 au 19 juillet), et certains pourraient voir leur dossier traîner tout l'été… et même se retrouver sans place nulle part en septembre !

Avec Justine, nous avons voulu interpréter ce vœu exaucé d'emblée comme un signe indiscutable de sa future réussite. Il n'y avait plus que sept jours avant la grande semaine d'épreuves, et cela nous avait bien remonté le moral. Il ne restait plus qu'à bachoter encore un peu, et les dés seraient jetés.

*

Comme chaque année, les épreuves du baccalauréat commencent par la dissertation de philosophie, et cette année la date tombe le 16 juin. Justine s'est rendue à la convocation, en doutant un peu d'elle-même comme à son habitude, mais elle y est allée et elle a fait de son mieux pour disséquer et commenter un extrait du *Gai Savoir* de Nietzsche. Nous verrons bien le résultat car, désormais, c'est elle qui détient les clés de sa propre réussite : nous ne pouvons plus rien pour elle, si ce n'est lui soutenir le moral et, quant à moi... rester un petit moment devant le lycée pour m'assurer qu'elle ne ressort pas. Pour cette première journée, qui va se poursuivre à partir de 14 heures par l'épreuve de littérature, j'ai prévu de venir déjeuner avec notre fille dans un café, au bout de la rue de son lycée. Il fait beau et je me suis installée en terrasse. Je vois d'autres parents qui attendent leurs enfants, et même... des élèves qui attendent leurs parents. Ils ont dû rendre leur copie très tôt !

Justine arrive, souriante après ses quatre heures de philo, et nous nous commandons des salades composées. Nous savourons ce petit moment de détente au milieu d'une journée chargée, que nous savons également décisive. Derrière moi, j'ai remarqué une autre maman, qui attend toujours. Elle ne cesse de regarder dans toutes les directions, compose un numéro de téléphone qui ne répond jamais. Le temps passe, elle reste seule à sa table, manifestement très inquiète. J'interroge Justine. Elle me répond à mi-voix que c'est la mère d'un de ses camarades de classe. « Il ne s'est pas présenté à l'épreuve de philo », précise ma fille. Un bref instant, j'imagine sa solitude, et je mesure le chemin parcouru par ma fille, malgré la frayeur de dernière minute qu'elle m'avait réservée en mai, en séchant l'épreuve de danse.

*

Le 5 juillet, quand les résultats tombent à 10 heures du matin, Justine découvre une mauvaise nouvelle, et moi une bonne. Mais c'est la même : elle doit passer le rattrapage ! Connaissant certaines de ses notes obtenues en 1re, je craignais qu'elle n'obtienne pas une moyenne suffisante (entre 8 et 10) pour y être admise. Mais c'est pourtant le cas ! Et je suis certaine qu'elle va s'en sortir, même si le rattrapage est un oral et que, comme d'habitude, cela la terrorise. Dès le lendemain, l'affaire est effectivement dans le sac…

*

Les oraux s'étaient déroulés le matin, et les résultats devaient être communiqués aux élèves le soir même à 18 heures. À l'heure dite, Justine est entrée à l'intérieur du lycée, et moi j'ai attendu dehors. Ils étaient en retard. J'ai attendu encore un peu, puis avec d'autres mamans, je me suis installée au café du coin. De temps à autre, un lycéen passait nous voir, mais ils n'avaient toujours aucune nouvelle. Cette attente m'a paru interminable. En bavardant avec les autres, je prenais un air dégagé, mais le doute commençait à m'envahir, et une grosse boule s'était installée à l'intérieur de ma poitrine. Je m'en voulais d'être dans cet état, moi qui avais seriné à Justine que l'essentiel était de participer, après avoir travaillé sérieusement, et de faire de son mieux le jour de l'examen… Je n'en pouvais plus : j'ai quitté le café, et me suis de nouveau postée devant les grilles. Quand tout à coup, je l'ai aperçue sortant du lycée. Elle descendait les marches en se dirigeant vers moi.

Sans mes lunettes, je n'ai pas tout de suite discerné l'expression qu'elle avait sur son visage. Puis je l'ai vue lever les bras pour faire le *V* de la victoire. Ma fille rayonnait ! Avant qu'elle n'arrive à la grille, j'ai vite composé le numéro de téléphone de son père. Quand il a décroché, j'ai seulement pu lui dire : « Elle l'a ! » Aucun autre mot ne pouvait sortir, car la boule était remontée dans ma gorge, alors j'ai répété plusieurs fois, comme s'il n'avait pas pu m'entendre. Lui aussi avait du mal à parler. Justine lui a dit deux mots, et j'ai vite raccroché. J'ai serré ma fille dans mes bras en pleurant de joie. Nous étions heureuses, tout simplement.

Chapitre 32

Réussir !

Justine

Je veux être certaine de ne pas me tromper. En allant consulter les résultats, j'interroge deux garçons qui discutent dans le hall d'entrée. Les feuilles affichées sur les panneaux de liège sont-elles bien celles où figure la liste des candidats ayant réussi leur rattrapage ? Je sais lire, mais je suis tellement émue que j'en perds mes moyens. Ils confirment. Alors je m'approche doucement, cherchant mon nom avec l'angoisse d'avoir loupé. Ce matin, lors des épreuves, j'ai eu l'impression de m'en être plutôt bien sortie en philo, où j'ai été interrogée sur un passage du *Rire* d'Henri Bergson. Mais j'ai eu la sensation d'avoir été moins bien inspirée, en littérature, par les *Mémoires de guerre* de Charles de Gaulle. Mes yeux et mon index tombent en même temps sur « Touchard Justine ». Un court instant, je fixe cette feuille en me persuadant que c'est bien mon nom, inscrit sur la liste, et que cette liste est bien celle des candidats ayant réussi. C'est-à-dire des bacheliers !

Ayant digéré l'information et pris conscience que oui, ça y est, je l'ai enfin, un tourbillon d'émotions monte en moi. Je suis aux anges, un peu étonnée, complètement sonnée. J'ai l'impression d'avoir atterri sur une autre planète. Une sensation étrange, très agréable.

Dès la sortie du hall, j'aperçois ma mère qui attend dans la rue, près de la grille, et je ne peux m'empêcher de lever mes bras bien haut en signe de victoire, tel le coureur de fond ou le cycliste qui vient de franchir la ligne d'arrivée. En la rejoignant, je lui lance : « Je l'ai eu ! » Mais je crois qu'elle a déjà compris, rien qu'en voyant mon geste. Immédiatement, elle appelle mon père. À l'autre bout du fil, j'entends, pour la première fois de ma vie, la voix de papa secoué par l'émotion, qui ne peut me dire que « C'est super » et « On en parlera à la maison ». Puis nous nous dirigeons vers la voiture, quand le téléphone de maman sonne. L'appel vient de notre cousine italienne, Giusi. Ma mère s'empresse de lui annoncer la bonne nouvelle, puis me la passe pour les félicitations. Même à Rome, on savait que j'avais réussi !

*

La veille, pourtant, je n'en menais pas large. Après l'affichage des résultats des écrits, découvrant que je ne l'avais pas, j'étais vraiment déçue. Et surtout, apprenant que je devrais passer le rattrapage le lendemain, la panique s'était emparée de moi. « Vais-je y arriver ? » L'éternelle question revenait. Après avoir pensé dans un premier temps que c'était perdu d'avance, je fus un peu rassurée en comprenant qu'il y avait seulement deux matières, au choix, à passer. J'ai sélectionné la philosophie et la littérature, que j'avais ratées à l'écrit, mais où, normalement, je suis plutôt à l'aise. Et ça a marché.

Ce bac, j'avais fini par le vouloir sérieusement. Une fois entrée au lycée, je tenais à aller jusqu'au bout et à le décrocher. Des supporters m'encourageaient : famille, professeurs et amis du lycée. Quelques jours avant les épreuves, le 9 juin, la chance s'était même mise de la partie sous la forme d'une place qui m'attendait dans l'université que j'avais choisie. Mais pour en arriver là, le chemin avait été sacrément long et semé d'embûches.

*

Maman m'avait inscrite à une option « danse » susceptible de me donner des points en plus. Ce n'était pas une mauvaise idée. J'avais bien préparé l'épreuve, ayant même sollicité l'aide de ma prof. Mais au dernier moment, je n'y suis pas allée. Malgré le travail, j'avais le sentiment que ma chorégraphie n'était absolument pas prête. Et surtout, j'avais peur de la présenter seule, alors que pour mes spectacles de fin d'année, j'étais toujours sur scène avec d'autres. Il y avait une autre raison : des filles de ma classe que je n'aimais pas étaient présentes. Et je n'avais pas la moindre envie de faire mes premiers pas seule sur scène en leur présence. Si j'avais commis un faux pas, peut-être serais-je devenue l'objet de leurs moqueries ? Un mauvais souvenir du collège était remonté à la surface.

Je sais que cet épisode a inquiété maman. Elle a pensé que le bac commençait mal, et que, peut-être, au dernier moment, je risquais encore de me défiler. Mais ce n'est pas vrai. Quand j'ai séché l'épreuve de danse, à aucun moment je n'ai songé à faire la même chose dans les autres matières. Si je me suis permis cette incartade, c'est parce que je savais l'épreuve facultative, donc sans conséquence. Cet événement n'avait pas changé d'un iota mon envie d'avoir le bac !

*

En revanche, lorsque j'ai réalisé que les épreuves approchaient à grands pas, j'ai recommencé à avoir des angoisses. Aux écrits comme aux oraux, je me demandais comment gérer mon temps. J'avais beau prendre le problème dans tous les sens, le compte n'y était jamais.

Vu mon état de stress, ma mère m'a mise en relation avec une coach, grâce à une collègue. Elle s'appelait Martine et voulait bien me donner quelques conseils, mais à une condition : que ce soit moi qui l'appelle. Le téléphone n'a jamais été mon fort, mais j'ai pris mon courage à deux mains. Dès notre premier rendez-vous, je me suis très bien entendue avec elle. Cette femme dans la cinquantaine, les yeux clairs et les cheveux grisonnants, légèrement plus petite que moi, très dynamique, était toujours de bonne humeur. Nos rencontres se déroulaient sous forme de discussions durant lesquelles nous parlions des sources profondes de mes préoccupations. Ce qui me permettait d'y voir plus clair.

Elle avait une façon très simple de me redonner confiance : lors de ces conversations, elle mettait en évidence mes qualités, de sorte que je sois convaincue de leur existence. Elle m'a appris à me montrer plus positive et à faire la part des choses parmi ce que je considérais comme mes défauts. Elle m'a fait remarquer combien j'avais tendance à les amplifier, alors qu'ils occupaient une place moins importante que je ne le pensais. Martine m'a enseigné comment faire le tri dans mes pensées et les hiérarchiser, moi qui me laissais envahir par elles comme par toutes sortes de questions. De temps à autre, il m'arrive de continuer à appliquer ses méthodes pour parvenir à une pensée positive. Grâce à ses séances, j'ai commencé à comprendre l'importance et la force du mental.

*

Ce voyage a été long et constellé d'obstacles, mais j'ai fini par arriver à destination. Le soir des résultats, mon père nous attendait à la maison. Il avait tourné en rond dans la cuisine toute la fin de l'après-midi, attendant impatiemment notre coup de fil ! Lorsque nous sommes rentrées, il a débouché le champagne. Quelques jours plus tard, avec mes amis, nous avons passé toute une nuit à faire la fête. Et je n'ai pas manqué d'appeler mes proches du collège, qui l'avaient également décroché. Avec l'obtention de ce fameux sésame, la boucle était définitivement bouclée. Quelques jours plus tard, avec maman, nous sommes allées m'inscrire en fac. Découvrir l'établissement dans lequel j'allais poursuivre mes études était excitant. Mais surtout, m'enchantait d'avance la vie d'étudiante qui s'ouvrait devant moi.

Épilogue

Pendant près d'un an, Justine et moi avons remonté le cours du temps pour tenter de comprendre et de décrire aussi minutieusement que possible les mécanismes qui l'ont conduite à la phobie scolaire, puis à la rupture, avant qu'elle n'entame une longue et difficile marche vers la guérison et le retour au lycée. En poursuivant ce travail de mémoire et d'écriture, nous avons ri et nous avons pleuré, et nous avons mesuré tout le chemin parcouru – peut-être, aussi, celui qui reste encore à parcourir. Nous avons surtout ressenti une grande fierté d'avoir affronté ensemble de telles épreuves, avec le soutien de nos proches et de nos amis, qui restera toujours dans nos cœurs.

Ce livre témoigne de ce que nous avons vécu personnellement, mais sa valeur, nous semble-t-il, réside dans le fait que nombre d'enfants et d'adolescents, ainsi que leurs familles, sont aujourd'hui confrontés aux mêmes difficultés que celles que nous avons rencontrées. Notre souhait le plus cher est que le silence qui entoure la phobie scolaire soit enfin brisé, que l'Éducation nationale et les associations de parents d'élèves s'en emparent, que quelque chose se produise enfin, et se produise surtout au vu et au su de tous. Comment justifier que le secret continue d'entourer un mal qui, d'après ce que nous en savons – mais il n'existe pas de statistiques –, ne fait que progresser ?

*

Face à des situations semblables à celles que nous avons rencontrées, il est faux de dire qu'il n'existe pas de solution. Mais souvent, elles ne sont connues ni des parents ni des enseignants qui, à un moment ou à un autre, doivent conseiller les parents de ces enfants. Certains le font d'ailleurs bien volontiers, mais ils n'ont pas toujours l'information à leur disposition, et eux aussi sont désorientés. La fille d'une amie, qui a suivi un parcours très semblable à celui de Justine, bien qu'un peu différent, passe cette année son bac dans un grand hôpital parisien. Tout y est organisé pour que les candidats aux scolarités atypiques, et suivis sur le plan médical, aient la possibilité de participer aux épreuves dans les meilleures conditions. C'est-à-dire avec beaucoup moins de stress que dans un lycée. Une possibilité dont mon amie a appris l'existence un peu par hasard. Il faut arrêter de cacher toutes ces informations qui permettraient de sauver des élèves en situation de phobie scolaire, mais que les intéressés ignorent.

*

L'échec n'est pas fatal, voulons-nous également dire à tous ceux qui se désespèrent de voir leur enfant se détacher de la voie que lui assigne la société : va à l'école, sois comme les autres, et réussis. Nos enfants ne sont pas tous les mêmes, il faut prendre en compte leur personnalité, et réhabiliter la valorisation des efforts et du travail : oublions un peu la performance absolue, récompensons la bonne volonté et les progrès. Nous savons bien que de nombreux enseignants tentent d'appliquer ces principes humanistes – nous en avons rencontré et leur contribution a été précieuse – mais le système dans sa globalité s'est emballé, il ne sait plus où il va, ni à quoi il obéit. Ramenons-le à sa mission d'origine, qui est de former les esprits et non de les formater. Revenons à ce que l'école a de plus beau : la transmission de l'envie de savoir et de connaître. Et arrêtons de stigmatiser ceux qui ont plus de mal que d'autres, ou qui sont un peu plus lents, qui ne correspondent pas au portrait-robot de l'élève parfait. Arrêtons, surtout, l'école qui décourage, qui dévalorise, qui rejette. C'est de cet effet pervers du système sélectif que se nourrit cette phobie scolaire dont l'institution se refuse à reconnaître l'existence.

*

Arrêtons aussi la dérision et le dénigrement vis-à-vis de l'école elle-même, deux fléaux qui frappent au cœur même du système. Un ancien ministre de l'Éducation nationale, Luc Ferry, a déclaré en 2009 lors d'une émission de radio : « Le bac, pour le rater, il faut en faire la demande longtemps à l'avance. » Sans doute ne faut-il pas y voir autre chose qu'une boutade, mais l'ancien ministre devrait se rappeler que les jeunes Français qui décrochent le bac ne sont pas plus de 66 % d'une tranche d'âge, ce qui en laisse tout de même beaucoup sur le carreau. Surtout, de tels propos traduisent le mépris effrayant des élites, ou supposées telles, à l'égard de ceux qui n'ont même pas eu les moyens d'en rêver, ou qui ont dû se donner du mal pour y arriver, ce qui est le cas de Justine.

Son père et moi avons estimé qu'elle n'en avait que plus de mérite. Pour récompenser son courage et son travail, nous lui avons symboliquement offert la médaille du baccalauréat 2011 émise par la Monnaie de Paris. Nous voulions qu'elle se souvienne encore longtemps de tous les efforts qu'elle avait accomplis dans le but de parvenir à ce résultat dont elle peut être fière. À nos yeux, ce diplôme était avant tout l'aboutissement d'un long travail sur elle-même, et cela lui donnait une valeur inestimable.

Post-scriptum

Anne-Marie

Pas un instant je n'ai regretté l'énergie et le temps consacrés à redonner à ma fille le goût de se battre, qui est tout simplement le goût de vivre. La voir telle qu'elle est aujourd'hui me remplit de joie et de fierté, tant le chemin parcouru me paraît immense. Si l'incompréhension s'est parfois immiscée entre nous au plus fort des difficultés traversées, je sais que cette aventure nous a rapprochées, et c'est sans doute là le résultat le plus merveilleux de toute cette aventure.

Justine

Après une année d'université, qui m'a permis de mieux réfléchir à mes choix professionnels, je me suis inscrite dans une école de communication, où j'entame en septembre 2013 ma deuxième année. Ma vie sociale est au beau fixe. Ayant un amoureux, je me sens épanouie et presque en paix avec moi-même. J'ai de plus en plus confiance et plein de projets en tête. J'assume ce que je suis, et dorénavant j'essaye d'affronter l'avenir avec courage et détermination.

Remerciements

Anne-Marie

Que soit d'abord remercié Thierry Billard, notre éditeur, pour avoir prêté une oreille attentive à ce récit et permis à ce projet d'aboutir.

Nombreuses sont les personnes sans l'aide de qui cette histoire ne se serait pas aussi bien terminée. En espérant ne pas en oublier, il nous faut citer : Bahman Ajang, le docteur Barraband, Magali de Block (et quelques autres de ses collègues), Nicolas Cossu, Marie-Jeanne Dominicé, Véronique Groussard, Brigitte Gry-Régent, Sylvie Hattemer-Lefèvre, Zoé Husson, Irène Inchauspé, Martine Gouth, Kira Mitrofanoff, Patricia Montero, Olivier Robert de Massy, Mary Salaun, Madame Vever, Sylva Villerot, Madame Zenouda.

Le jour où je n'ai pas pu aller au collège

Justine

Merci à mes parents, ma famille, et mon frère, qui a toujours gardé son sourire et son humour dans cette période difficile. Merci à Bahman, Zoé, Patricia et Mary de m'avoir aidée sur le plan scolaire et humain. Un grand merci à toutes les personnes qui, de près ou de loin, m'ont soutenue dans cette dure épreuve, en particulier Nicolas, mon prof de basse, et mes vrais amis.

Table

Mise en page
PCA
44400 Rezé

Cet ouvrage a été imprimé
en août 2013 par

CPI
FIRMIN-DIDOT

27650 Mesnil-sur-l'Estrée
N° d'édition : L.01ELKN000457.N001
N° d'impression : 119038
Dépôt légal : août 2013

Imprimé en France